两周铜器铭文

祝嘏辞研究

LIANGZHOU TONGQI MINGWEN
ZHUGUCI YANJIU

郭 凯 丁军伟 唐凛然 向 野 ◎著

四川大学出版社

项目策划：袁　捷
责任编辑：袁　捷
责任校对：宋　颖
封面设计：墨创文化
责任印制：王　炜

图书在版编目（CIP）数据

两周铜器铭文祝嘏辞研究 / 郭凯等著. — 成都：四川大学出版社，2020.9
ISBN 978-7-5690-2630-6

Ⅰ．①两… Ⅱ．①郭… Ⅲ．①周代铜器－金文－研究－中国 Ⅳ．① K877.34

中国版本图书馆CIP数据核字（2018）第294232号

书名　两周铜器铭文祝嘏辞研究
著　者　郭　凯　丁军伟　唐凛然　向　野
出　版　四川大学出版社
地　址　成都市一环路南一段24号（610065）
发　行　四川大学出版社
书　号　ISBN 978-7-5690-2630-6
印前制作　四川胜翔数码印务设计有限公司
印　刷　成都金龙印务有限责任公司
成品尺寸　148mm×210mm
印　张　5.75
字　数　150千字
版　次　2020年9月第1版
印　次　2020年9月第1次印刷
定　价　68.00元

版权所有　◆　侵权必究

◆ 读者邮购本书，请与本社发行科联系。
　电话：(028)85408408/(028)85401670/(028)86408023　邮政编码：610065
◆ 本社图书如有印装质量问题，请寄回出版社调换。
◆ 网址：http://press.scu.edu.cn

扫码加入读者圈

四川大学出版社
微信公众号

前　言

　　历史上的商、周绵绵千余载，给后世留下了丰富的文化宝藏，青铜器铭文即是其中之一。研究两周铜器铭文祝嘏辞，我们可以更好地了解商、周社会，对古代汉语、古文字学、古文献学以及思想史等的研究都有裨益。徐中舒先生说："金文嘏辞因制器以祈福，仅为偏于一方面之叙述。但在文献缺乏之春秋时代及其前期，此类资料，在比较研究上亦属重要。"[①] 甚是。

　　祝嘏辞是金文的重要组成部分，故其在金文阅读和研究中是无法回避的。金文的内容就其大者而言可以分为七类[②]：（1）记族名；（2）祭奠父祖；（3）铭功纪赏；（4）要盟约剂；（5）媵女陪嫁；（6）祈介祝嘏；（7）物勒工名。而其中较长的铭功纪赏、要盟约剂和媵女陪嫁三类铭文中亦常含有祝嘏之辞。如从语言文字角度上讲，"语言学的一些普遍原理，特别是古代语言文字研究的成果，都可以移用于古文字学……而古文字学的成果又必然会融合到整个古代语言文字的研究中去"[③]。金文祝嘏辞所用之字多为常见字，有些甚至仅见于祝嘏辞中，如"眉""寿""祈""匄"等。商代金文铭辞多短小，未见祝嘏之辞，西周中期之后的金文则屡见。祝嘏辞多用祈使句，如"用祈眉寿无疆""子子

---

① 徐中舒：《金文嘏辞释例》，《徐中舒历史论文选辑》，中华书局，1998年，第561页。
② 刘雨：《近出殷周金文集录·前言》，中华书局，2002年，第2页。
③ 李学勤：《古文字学初阶》，中华书局，1985年，第5页。

· 1 ·

孙孙其永宝用"等,"眉""寿"常连用作"眉寿","万寿"于金文仅见数例,"万岁"的用法则不见于商周金文,等等,这些都是有益于汉语史的研究的。

裘锡圭先生曾指出,从文献角度来看,青铜器铭文中的祝嘏辞与其他出土文字资料一样可以和传世文献如《诗经》等相对照。如《诗经》言"介",祝嘏辞则曰"匄",曰"割",曰"害";《诗经》谓"万寿无疆",祝嘏辞则称"万年无疆""眉寿无疆",等等。裘锡圭先生在讨论地下材料的作用时说:"在传世先秦秦汉古籍的整理工作中,地下材料所能起的作用可以粗分为两方面:一,有助于研究古籍的源流,包括成书时代和过程、资料来源以及篇章的分合变化等问题。二,有助于古籍的校读,如校正文字、阐明词义、文义,等等。"[1]

祝嘏辞里的某些内容对研究先秦思想史同样有意义。如《洪范》"五福",其一曰"寿",金文祝嘏辞亦以祈寿为多,这恐怕与当时社会生活条件差、长寿不易有关。徐中舒先生认为:"因其爱生之甚,在积极方面,遂由此演进而为春秋战国以来贵生及导引一派之学说,而他方面养成中国社会上明哲保身之观念,亦为势所必至之事。"[2]

祝嘏铭文的研究对青铜器的断代亦有帮助。例如,唐兰先生将麦四器断为昭王后期,彭裕商先生认为此说可信,彭先生补充的证据之一,就是成康时的金文没有"子孙永宝"这类嘏辞。[3] 另外,祝嘏铭文的研究对祝辞系文学研究也有重要意义。传世文

---

[1] 裘锡圭:《谈谈地下材料在先秦秦汉古籍整理工作中的作用》,《古代文史研究新探》,江苏古籍出版社,2000年,第45~60页。
[2] 徐中舒:《金文嘏辞释例》,《徐中舒历史论文选辑》,中华书局,1998年,第562页。
[3] 彭裕商:《西周青铜器年代综合研究》,巴蜀书社,2003年,第280~283页。

献如《诗经》《尚书》《楚辞》《礼记》等所保存下来的先秦祝辞十分有限,而两周的祝嘏铭文却非常丰富,这不能不引起学者的注意。

本书对两周铜器铭文祝嘏辞的研究主要集中在以下几个方面:

一、对涉及祝嘏铭文的基本问题进行了分析,重点讨论了两个问题:第一,结合传世文献及出土文献对祝嘏辞进行了梳理,并根据"祝""嘏"的区别与联系,辨析金文中的"祝辞""嘏辞"。第二,金文的结构划分。两周金文的结构以作器辞为界,大体可分三个部分,即作器之因、作器辞和作器目的,具体的划分则"仁者见仁"。本文在前人基础上,将铜器铭文结构分为八大部分,以便于对祝嘏铭文的讨论。

二、本书在铜器铭文结构划分基础上,通过归纳的方法,重点讨论了祝嘏铭文篇式。祝嘏铭文篇式大致来说主要有以下十种篇式:(1)只有祝嘏辞的铭文;(2)由作器辞和祝嘏辞组成的祝嘏铭文;(3)时间+作器辞+祝嘏辞;(4)作器辞+表作器功用、目的的语句+祝嘏辞;(5)时间+作器辞+表作器功用、目的的语句+祝嘏辞;(6)作器的取材+作器辞+祝嘏辞;(7)时间+作器的取材+作器辞+祝嘏辞;(8)作器的取材+作器辞+表作器功用、目的的语句+祝嘏辞;(9)时间+作器的取材+作器辞+表作器功用、目的的语句+祝嘏辞;(10)带有称扬辞的祝嘏铭文。另外还有一些特殊的篇式,本文亦做了梳理,并就各种篇式举了大量的例证。

三、讨论了祝嘏铭文中的祈福者、祈匄对象与致福对象,重点对祈匄对象进行了详细的分析。通过研究,祖先是两周金文中最主要、最普遍的祭祀对象和祈匄对象,这和文献记载具有一致性。据赵沛霖先生统计,《诗经》共有17首祭祀诗,祭上帝者1

首,祭祖先者13首,祭山河者3首①。天帝为周人的至上神,为什么金文、《诗经》中的主要祭祀和祈匄的对象反而是祖先呢?赵先生认为原因是祖先崇拜的高度发展,在当时的宗法制度和政治背景下,祖先崇拜较其他形式的崇拜更具现实性和功利性,故实际上宗庙的地位较郊坛和社稷都重要。

四、周人铸造铜器以祭祀祖先是有功利性目的的,这在祝嘏辞中得到了集中的体现。"总的来说,周人祈求赐予他们的福佑包括平安、长寿、政治事业成功,等等,覆盖面较广,从个人到家族,从生命到权力,都囊括其中。"②根据祝嘏辞的主要内容,我们将其分为有泛称意义的福、关于长生的祝嘏、关系家族延续的祝嘏、关于维持个人和家族政治权力的祝嘏四部分,且每部分举出丰富辞例,以窥其特点。

本书研究材料主要来自《殷周金文集成》(简称《集成》)、《近出殷周金文集录》(简称《近出》)、《新收青铜器铭文暨器影汇编》(简称《新收》)、《商周青铜器铭文暨图像集成》(简称《铭图》)及《商周青铜器铭文暨图像集成续编》(简称《铭图续》)中有祝嘏辞的铭文。文字释读则除其本身所附释文外,主要参考张亚初先生编的《殷周金文集成引得》、彭裕商先生的《两周青铜器年代综合研究》,以及相关报刊文章,此外,对华东师范大学所编之《金文引得》释文也酌情取舍。

在引用相关铭文时,若铭文有残缺者,则用"□"代替,一个"□"表示一个字;残缺铭文,可据辞例补足者,则用"[ ]"表示;在引用中有省略者,则用"……"表示;涉及通假字者,则保留通假字,并补出相应的正字,用"( )"予以区别;能隶

---

① 赵沛霖:《关于〈诗经〉祭祀诗祭祀对象的两个问题》,《学术研究》2002年第5期。

② 刘源:《商周祭祖礼研究》,商务印书馆,2004年,第299页。

定,但存在争议者,用"(?)"表示;不能隶定者,则保留金文字形,并以相应的文字图片代替。此外,本书视行为需要,适当保留繁体字。

在研究方法上,主要是对材料进行分类比较,归纳总结,将定量研究与定性研究相结合,在此基础上,采用王国维先生的"二重证据法",参考相关古制,进行合理推测。以上是本书的基本结构与内容。本书对商周金文中的祝嘏辞进行了比较全面的梳理与研究,以期对学者的深入研究提供绵薄之力。

另外,本着文责自负的原则,现将本书的写作分工情况分述如下:前言、第一章由郭凯、丁军伟撰写;第二章由唐凛然撰写;第三章由唐凛然、向野撰写;第四章由郭凯撰写;结论由向野撰写;参考文献则由四人合纂。在书稿的撰写过程中,因分工合理,各作者的写作量相当(均在4万字上下),并且书中所讨论的内容均为各作者在自己专业领域内比较熟悉的问题,所以全书的写作进行得比较顺利。初稿完成后,由郭凯、丁军伟负责统稿并最终定稿。由于作者学识有限,因此书中的谬误在所难免,尚祈方家指正!

目 录

第一章 祝嘏铭文探析……………………………………（ 1 ）
  第一节 引 言……………………………………………（ 1 ）
  第二节 祝嘏辞辨析………………………………………（ 11 ）
    一、"祝嘏"释义…………………………………………（ 11 ）
    二、文献上的祝嘏辞……………………………………（ 15 ）
    三、金文中祝辞、嘏辞之辨……………………………（ 31 ）
  第三节 祝嘏辞与金文的结构……………………………（ 38 ）
    一、时间…………………………………………………（ 38 ）
    二、作器辞………………………………………………（ 41 ）
    三、作器的取材、代价…………………………………（ 49 ）
    四、族氏…………………………………………………（ 53 ）
    五、称扬辞………………………………………………（ 54 ）
    六、说明铜器之功用或作器目的的语句………………（ 58 ）
    七、祝嘏辞………………………………………………（ 70 ）
    八、叙述部分……………………………………………（ 71 ）

第二章 祝嘏铭文篇式研究………………………………（ 77 ）
    一、只有祝嘏辞的铭文…………………………………（ 77 ）
    二、由作器辞和祝嘏辞组成的祝嘏铭文………………（ 78 ）
    三、时间＋作器辞＋祝嘏辞……………………………（ 80 ）
    四、作器辞＋表作器功用、目的的语句＋祝嘏辞……（ 81 ）

· 1 ·

五、时间＋作器辞＋表作器功用、目的的语句＋祝嘏辞
　　　　……………………………………………………（83）
　　六、作器的取材＋作器辞＋祝嘏辞 ……………（84）
　　七、时间＋作器的取材＋作器辞＋祝嘏辞 ………（86）
　　八、作器的取材＋作器辞＋表作器功用、目的的语句＋
　　　　祝嘏辞 ……………………………………………（87）
　　九、时间＋作器的取材＋作器辞＋表作器功用、目的的
　　　　语句＋祝嘏辞 ……………………………………（88）
　　十、带有称扬辞的祝嘏铭文 ………………………（89）
　　十一、特殊的祝嘏铭文 ……………………………（91）
　　十二、含有叙述部分和祝嘏辞的铭文 ……………（91）
第三章　祝嘏对象研究 …………………………………（94）
　　一、祈福者 …………………………………………（94）
　　二、祈匄对象 ………………………………………（96）
　　三、致福对象 ………………………………………（118）
第四章　祝嘏目的及用辞研究 …………………………（121）
　　一、泛称意义上的福 ………………………………（121）
　　二、关于个人的平安、长寿 ………………………（137）
　　三、关于个人的平安、吉康 ………………………（147）
　　四、关于子孙繁昌、家族延续 ……………………（150）
　　五、关于个人、家族政治地位 ……………………（155）

结　　论 …………………………………………………（160）

参考文献 …………………………………………………（162）

第一章　祝嘏铭文探析

商周之际，铜器铭文中的祝嘏辞十分常见，学者普遍认为，祝嘏铭文对研究商周社会的语言、思想等方面具有重要的作用。本章首先对祝嘏铭文的研究现状进行简要说明，然后对祝嘏辞之定义及商周祝辞、嘏辞做全面梳理，并在此基础上结合前辈学者的研究成果对金文中祝嘏辞的结构划分展开论述。

第一节　引　言

祝嘏辞产生于何时？今天已很难回答这个问题。我们推想，"祝"的产生应该较早，约在人们有了宗教观念的时候就有了祈祷、求福之语，即祝辞。在"绝天地通"和尸祝出现后，嘏辞也随着产生了。甲骨文、金文等出土文献与传世文献都有关于"祝"的记载。另外，《尚书·五子之歌》载"太康尸位以逸豫"，《尚书·胤征》记仲康时"羲和尸厥官"，"尸位""尸厥官"即占有职位而不履行职责，"尸"的使用当与尸祝的"尸"文化有关，若其文出于夏,则夏代已有"尸"①,则其时嘏辞亦当已产生。只是《尚书》成书已晚,难为确证。不过,对西周已有尸文化学界似无异议。穆王时的诗歌《大雅·既醉》《大雅·凫鹥》② 等已出现"公尸"这样的词语,为"尸"文化之确证。

商代金文字数很少,多仅记作器辞,甚至只有族徽或父祖日名,未见有祝嘏辞。西周早期,长篇铭文渐多,但武、成时代仍未见祝嘏辞。约康王前后,具有金文嘏辞性质的语句出现了。如学者断为康世的史𪒠簋:"乙亥,王诰毕公,乃锡史𪒠贝十朋,𪒠古于彝,其于之朝夕监(鉴)。"(史𪒠簋,《集成》4030)"其于之朝夕监(鉴)"即有些类似后世嘏辞"永宝用",含有不忘恩德之意。又如"十世不忘献身在毕公家,受天子休"(献簋,《集成》4205)。约昭王时,"子子孙孙其永宝"这种嘏辞套语出现了。昭王时的嘏辞还有"妇子后人永宝"(矢令簋,《集成》4300),"其永宝"(作册折觥,《集成》9303),"其万年永宝,用郷(饗)出内(入)事(使)人"(小子生尊,《集成》6001,如图1所示),"子子孙孙永宝,其万年用饗王出入"(小臣宅簋,《集成》4201),"宪万年子子孙孙宝,光用大保"(宪鼎,《集成》2749),等等。彭裕商先生将耳尊断为康、昭时器③,其嘏辞曰:"京公孙子宝,侯万年寿考黄耇,耳日受休。"又如昭世的它簋盖:"用水(乞)霝(灵)令(命),用妥(绥)公唯寿。"可见康、昭世是金文祝嘏辞产生并逐渐丰富的时期,"子子孙孙永宝"

---

① 《尚书大传》载舜郊天,以尧之子丹朱为尸,但其文为伏生门徒所撰,亦不足信。甲骨文、金文中的"尸"都不作尸扮、尸祭解,而常用作方国、部族名,即"夷"。刘爱献先生在《东夷文化中"仁"的观念对孔子的影响》(载齐鲁文化研究中心网,2007年5月24日)一文中认为东夷是尸祭文化的发源者。陆忠发先生则据"尸"之形体和江苏六合程桥所获春秋时期的刻纹画像铜器残片将"尸"与尸祭联系起来(陆忠发,《中国古代尸祭的文字学考证》,载《寻根》2001年第1期)。
② 马银琴:《两周诗史》,社会科学文献出版社,2006年,第181~184页。
③ 彭裕商:《西周青铜器年代综合研究》,巴蜀书社,2003年,第297页。

的套语格式开始出现，人们也逐渐开始重视人生，为自己祈长寿的嘏辞处于萌芽之中。

图 1　小子生尊铭文

西周中期是金文祝嘏辞的继续发展时期，并有许多新的表达法和套语出现。如穆王时"俾乃子𢆶万年，用夙夜尊享孝于厥文母，其子子孙孙永宝"（𢆶簋，《集成》4322，如图 2 所示），"子子孙孙多世其永宝"（班簋，《集成》4341），"用匄（丐）鲁福，用夙夜事"（启卣，《集成》5410），"惟用□康令于皇辟侯，匄（丐）□□"（臣谏簋，《集成》4237），"命其永以多友簋飤"（命簋，《集成》4112）；"恭王时剌（烈）且（祖）、文考，弋（式）贮受（授）墙尔黼福，褱（怀）䄍（福）彔（禄）、黄耇、弥生，堪事㫃（厥）辟，其万年永宝用"（史墙盘，《集成》10175，如图 3 所示），"用匄（丐）万年亡（无）疆，百世孙子永宝"（师遽方彝，《集成》9897）；懿王时"㚔（求）世①孙子毋敢㒸（坠），永宝"（趞尊，《集成》6516）；孝夷时"匄（丐）三寿懿德万年"（㫃仲壶，《集成》6511）；夷王或夷厉时"其万年永保，臣天子"

---

① 合文。

(师俞簋盖,《集成》4277),"虘暨蔡姬永宝,用卲(昭)大宗"(虘钟,《集成》88),"用匄(丐)眉寿、黄耈、吉康,师㝨父其万年,子子孙孙永宝用"(师㝨父鼎,《集成》2813),"是用寿考"(毛公旅方鼎,《集成》2724,如图4所示),"唯用妥福,虩前文人,秉德共(恭)屯(纯)。余其用各我宗子霝百姓,余用匄(丐)屯(纯)鲁霝万年,其永宝用之"(善鼎,《集成》2820,如图5所示)。

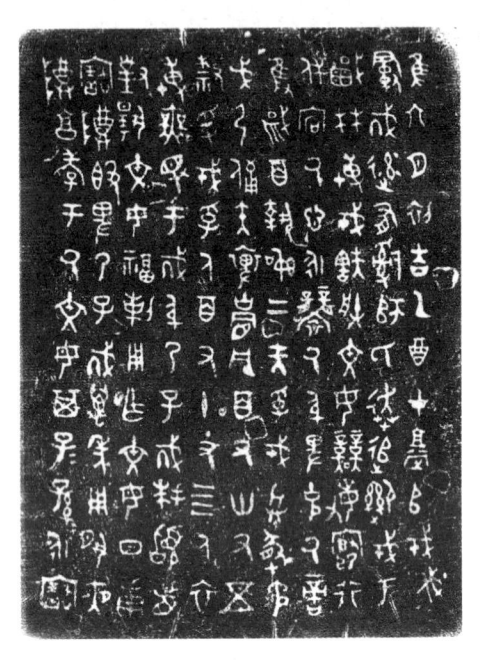

图2 戜簋铭文

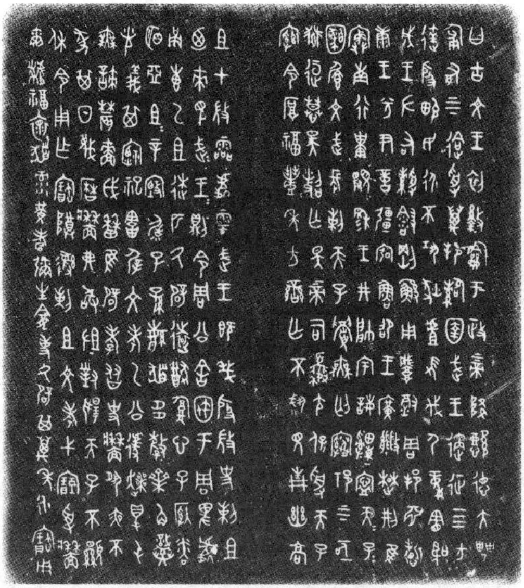

图3 史墙盘铭文

图4 毛公旅鼎铭文

图 5　善鼎铭文

西周晚期至春秋时期是金文祝嘏辞的繁荣期。这个时期祝嘏辞在数量、内容都有空前的发展，出现一些长的祝嘏辞，如"龖阚皇帝大鲁令，用齍保我家、朕位、 身。䧱䧱降余多福，宪𩫉宇慕远猷， 其万年𧖅实朕多御，用綷（求）寿，匄（丐）永令（命），畯在位，作靃在下"（ 簋，《集成》4317，如图6所示），"先王其严在上，豊豊數數，降余多福，福余顺孙，参（三）寿惟利，䵼其万年，畯保四或（国）"（宗周钟，《集成》260，如图7所示），"其皇才（在）上，降余多福、綠（繁）釐，广启禹身，擢于永令（命），禹其迈（万）年永宝用"（禹簋，《集成》4242），"大神其陟降，严祜夒妥厚多福，其數數豊豊，受余纯

· 6 ·

鲁、通禄、永命、眉寿令终，癞其万年永宝曰鼓"（癞钟，《集成》247），"用喜侃前文人，用祈纯鲁永命，用匄（丐）眉寿无疆，师丞其万年，永宝用享"（师丞钟，《集成》141，如图8所示），"用祈眉寿万年无疆，它它熙熙，男女无期，子子孙孙永保用之"（齐侯盘，《集成》10159）。战国以降则是金文祝嘏辞的衰落期，青铜器数量逐渐减少，铭文格式、体例、刻铸方式等都在发生变化，金文祝嘏辞随之不振。

图6　鼄簋铭文

图7 宗周钟铭文　　图8 师丞钟铭文

学者对祝嘏铭文的研究，主要有四种形式：（1）在考释具体铜器铭文的时候对相关祝嘏词语进行阐释；（2）著专文对某个或某些祝嘏词语进行考释；（3）在论述相关问题时，对涉及的祝嘏铭文进行解释；（4）对祝嘏辞作较全面的总结性研究。

较早论及祝嘏辞的是王国维先生，他在《与友人论〈诗〉〈书〉中成语书二》中运用"二重证据法"，根据金文，对《诗》《书》里的上古成语进行解读，讨论了"匍有四方""弥生""严在上、翼在下"的意义。近年来，亦有学者对金文中的"严在

· 8 ·

上，翼在下"的意义进行了全面的梳理。① 王国维先生还作专文《释辥上》《释辥下》，对影响解读"保辥周邦"的"辥"进行了研究，并据相关文献将之读为"乂""艾"，其结论正确可靠，至今仍广被引用。

1936年，徐中舒先生发表了《金文嘏辞释例》一文，首次对金文祝嘏辞进行全面的研究，分组逐个考释词义，分析辞例，触类旁及，胜义纷呈。彭裕商先生如是评价道："该文全面系统地对铜器铭文的祝嘏之辞作了比较和归纳的研究，充分结合古代典籍，考释了金文中各种嘏辞的含义，解决了许多前人未曾弄清的问题，并对各种嘏辞的时代进行了探索。许多成果今天看来仍然准确无误，如指出'万年无疆''万年眉寿''眉寿无疆'等嘏辞主要盛行于西周厉宣之世，而凡言'无期'者，如'眉寿无期''万年无期''寿老无期''男女无期'等，均为春秋时成周偏东地区之器，结合《诗·鲁颂》'思无期'之语，可知'无期'语春秋时盛行于东方。由此推论，《小雅·南山有台》有'万寿无期'，《小雅·白驹》有'逸豫无期'，或即东周之作。又如金文时常提到'永命''灵命''嘉命'，以前多误解'命'为性命之'命'。该文结合古代典籍指出：'命'并非'性命'之'命'，乃'天命'。这反映了古人以人世兴衰系于天的思想。在时代上，'永命'主要流行于西周，而'灵命''嘉命'则是春秋时的常用嘏辞。由于该文考释精到，论证翔实，因而饮誉学界，成为治金文者的必读参考资料。"②

此外，郭沫若先生的《两周金文辞大系图录考释》、容庚先生的《商周彝器通考》、唐兰先生的《西周青铜器铭文分代史

---

① 张德良：《金文套辞"严在上，翼在下"浅析》，《齐鲁学刊》2009年第1期。

② 彭裕商：《徐中舒先生在古文字学上的贡献》，《中华文化论坛》1998年第3期。

征》、白川静先生的《金文通释》、于省吾先生的《双剑誃吉金文选》、杨树达先生的《积微居金文说》等也涉及部分祝嘏辞的解释。裘锡圭先生的《释"求"》《从几件周代铜器铭文看宗法制度》等文也对部分祝嘏辞的意义做了很好的解读。不过,较全面论及祝嘏铭文的文章似乎罕见。

20世纪80年代末以来,学界对祝嘏铭文的研究又重视起来。1989年姜昆武先生出版了《〈诗〉〈书〉成词考释》,对《诗》《书》中的158条"成词"进行了研究,其中涉及不少祝嘏辞,如"眉寿""万寿""纯嘏"等。1995年,杜正胜先生发表《从眉寿到长生——中国古代生命观念的转变》一文,讨论了祈寿类祝嘏铭文的发展历程,注意到宗族组织对祝嘏内容的影响,并对祝嘏辞中的祈匄对象重新加以考察,对我们今天的研究深有启发意义。2001年,陈美琪先生在其博士论文《西周金文字体常用词语及文例研究》中对铭文结构的分析、对"祝愿词"的定义等部分可资借鉴。2002年,台湾师范大学的金信周先生在其硕士论文《两周祝嘏铭文研究》中"对于两周祝嘏铭文分类方式,配合祝嘏词汇的词类、形式、用法相异,分为动词类、名词类、副词类、句子类四大类。对大量的祝嘏铭文作统计与归纳,以探讨许多祝嘏词汇、句子的确实意义,分析各祝嘏词汇的使用特征及使用时期,进而考察西周各时代的祝嘏风格演变、东周时期祝嘏铭文的地域特征以及祝嘏铭文所见的祈求对象"[①]。

2004年,刘源先生出版《商周祭祖礼》一书,对商周祭祖仪式的类型、祭祖礼所反映的祖先观念和社会关系等做了详细论述。2004年,陈英杰先生对西周青铜器器用铭辞进行了详细的研究,并对铭文中出现频率较高的祝嘏铭文做了全面梳理。2007年贾海生先生亦对祝嘏铭辞进行了梳理。2009年,陈彦辉先生

---

① 金信周:《两周祝嘏铭文研究》,台湾师范大学硕士论文,2002年。

以商周铜器铭文为研究对象，结合相关传世文献，借鉴考古学、文字学、历史学、文学的研究方法和成果，从文体学的视角对商周铜器铭文进行分类研究，陈先生指出祝嘏铭文的形成是商周祭祀文化的客观反映，展现了商周社会思想信仰的真实状态。①

第二节　祝嘏辞辨析

一、"祝嘏"释义

（一）祝

"祝"字甲骨文作"![]"等形，象一人跪跽于神主前有所祷告。《尚书·洛诰》："王命作册逸祝册。"孔颖达《疏》："读册告神谓之祝。"②《释名·释言语》："祝，属也。以善恶之词相着也。"故最初"祝"有祈求福祥和诅咒邪恶两种意思。《周礼·大祝》："掌六祝之辞，以事鬼神，祈福祥，求永贞。一曰顺祝，二曰年祝，三曰吉祝，四曰化祝，五曰瑞祝，六曰策祝。"显然，这里的"祝"是祈求福祥之义。下面两例则取求福祈祥之反义，

---

①　陈彦辉：《商周铜器铭文文体研究》，中国社会科学院博士后出站报告，2009年。

②　商、周均有将祝祷之辞书于典册并向祖先神灵祝号以为祭祀的习俗。《礼记·乐记》："簠、簋、俎、豆、制度、文章，礼之器也。""文章"即书于简册之文辞。甲骨文有"册""嘼""册祝"等祭祀用语，金文则有"作册"之职官，文献如《尚书·金縢》又载"为坛于南方，北面，周公立焉。植璧秉圭，乃告太王、王季、文王。史乃册，祝曰……"等，皆证"册祝"的确存在。可参看董芬芬《春秋辞令的文体研究》第四章（西北师范大学博士学位论文，2006年）、靳青万《论殷周的文祭——兼再释"文献"》（载《文史哲》2001年第2期）、宋华强《新蔡简中的祝号简研究》（载简帛网，2006年12月5日）等文。

· 11 ·

即诅咒。《尚书·无逸》云："否则厥口诅祝。"《疏》："诅祝谓告神明，令加殃咎也。以言告神谓之祝，请神加殃谓之诅。"又如《论衡·言毒》："南郡极热之地，其人祝树树枯，唾鸟鸟坠。"后来"祝"又写作"呪"①。《一切经音义》卷六："祝，《说文》作詷。詷，诅也。今皆作呪。""呪"与"咒"也是古今字。由于词义的分化，现在"祝"已经不能用于贬义了。

"祝"也指祭祀时的祝祷词。《玉篇》："祝，祭词也。"徐师曾先生说："祝文者，飨神之词也。""考其大旨，实有六焉：一曰告，二曰修，三曰祈，四曰报，五曰辟，六曰谒，用以飨天地、山川、社稷、宗庙、王祀群神，而总谓之祝文。"②《文心雕龙·祝盟》即将《楚辞·招魂》称作"祝辞之组丽者"。

"祝"也可指人，即主持祭祀的司仪——男巫。《说文》："祝，祭主赞词者。"他是人、神交流的中介，其职责是在祭祀时迎接鬼神、向鬼神传达主人的意旨并将鬼神的意旨传达给主人。祝官在周代自成官僚体系，"虽然地位不高，但是职责却非常重要"③。《周礼·春官》中就记有大祝、小祝、丧祝、甸祝、诅祝等祝官。金文亦见有祝官之职，如"大祝禽鼎"（大祝禽鼎，《集成》01937）、"穆王乡丰，即邢伯、大祝射"（长甶盉，《集成》09455）、"大祝追鼎"（《新收》1455）。《国语·楚语下》还详细说明了祝官应具备的知识和素养"是使制神之处位次主，而为之牲器时服，而后使先圣之后之有光烈，而能知山川之号、高祖之

---

① 关于"祝"的解释及其与"呪""咒"的关系，可参看刘海先生《谈"祝"及"祝与咒"之间的关系》（载《东南文化》2007年第1期）、雷汉卿先生《释"祝"》（《文史杂志》1999年第1期）、连劭名先生《殷虚卜辞中的"祝"》（《殷都学刊》2005年第5期）等文。

② 吴讷、徐师曾：《文章辨体序说·文体明辨序说》，人民文学出版社，1982年，第156页。

③ 于薇：《周代祝官考辨》，《兰州学刊》2007年第5期。

主、宗庙之事、昭穆之世、齐敬之勤、礼节之宜、威仪之则、容貌之崇、忠信之质、梗洁之服,而敬恭明神者,以为之祝"。

(二)嘏

《说文》:"嘏,大、远也。从古,叚声。"《方言》卷一:"秦晋之间,凡物壮大谓之嘏。"《逸周书·皇门》:"用能承天嘏命。"金文未见"嘏"字,假"叚""諕"为之,如"用匄屯(纯)叚(嘏)、永令(命),克其万年,子子孙孙永宝"(克钟,《集成》205)。"佑受母(毋)已,襘(斋)諕(嘏)整肅(肃)"。"叚""嘏""諕"古音皆见母鱼部,故得相通。

《广韵·马韵》:"嘏,福也。"此"福"义是大、远的引申。金文如"屯叚"(克钟),读"纯嘏"。《诗·鲁颂·閟宫》:"天锡公纯嘏。"笺云:"受福曰嘏。"《诗·周颂·我将》:"伊嘏文王,既右飨之。"毛传:"嘏,锡福也。"后世"嘏"又引申指寿辰,如魏源《圣武记》:"后藏班禅喇嘛以四十六年来朝高宗七旬嘏。"

古代祭祀,执事人为受祭者向主人(祭者)致福亦称为嘏。《礼记·礼运》:"修其祝嘏。"郑玄注:"祝,祝为主人飨神辞也。嘏,祝为尸致福于主人之辞也。"《孔子家语·问礼》:"祝以孝告,嘏以慈告。"孙希旦《礼记集解》谓:"祭初飨神,祝辞以主人之孝告于鬼神,至主人酳尸,而主人之事尸毕,则祝传神意以嘏主人,言承致多福无疆于女孝孙,而致其慈爱之意也。"[①]

古人认为祖先的魂灵可以附到由活人装扮成祖先模样的尸的身上,因此对尸祭拜就是对祖先神灵祭拜。魂灵是看不见的,不可捉摸的,而尸却是有形的。尽管尸有形,近在咫尺,在感觉上拉近了主人与祖先神灵的距离,但他代表了神灵,一般人是不能与神直接沟通的,这就需要有能与神交流、上传下达的媒介,即

---

① 孙希旦:《礼记集解》,中华书局,1989年,第594页。

祝。祝为主人致辞于尸也称祝，尸酢主人，命祝致福于主人则称嘏。

高亨先生在《诗经·噫嘻》"噫嘻成王，既昭假尔"下注云："人向神告以祈福为祝，尸祝代神向人告以赐福为报。嘏有告义。《长发》曰：'昭假迟迟，上帝是只。'谓商汤昭告上帝，深致其辞，能敬上帝也。此嘏皆自下而告上也。"① 那么"嘏""祝"意义也就相当了。

（三）祝、嘏连言

《大戴礼记》卷十三载祀天辞曰："皇皇上天，照临下土。集地之灵，降甘风雨。庶物群生，各得其所。靡今靡古，维予一人某，敬拜皇天之祜。"《春秋繁露》卷第十五引此材料时加"郊祝曰"三字。《毛诗注疏》："《礼运》曰：'天子祭天地，诸侯祭社稷，祝嘏莫敢易其常。'"徐中舒先生据此祀天辞认为祝有嘏意，并说："祝、嘏析言则义各有当，既如上述。若浑言之，则祝嘏必连言而后词意始足。"② 《礼记·礼运》："祝嘏莫敢易其常古，是谓大假（嘏）。"《乐府诗集》卷六："锡兹祝嘏，天子万年。"柳宗元《礼部为百官上尊号表》："郊庙备礼而祝嘏无词。"《至元嘉禾志》卷二十五："俯仰无愧怍，不必祝嘏以祷也。"皆祝、嘏连言，"统为祝福之辞"，"故祝辞、嘏辞均可通称之曰祝嘏，此省曰嘏辞"③。

与祝类似，祝嘏也可指祝祷之文辞，如《路史》卷十四："立五祀，作其祝嘏。"《历代帝王宅京记》卷一："《蔡邕集》有宗庙祝嘏，曰……"另外还可指祭祀时致祝祷之辞和传达神言的

---

① 高亨：《周颂考释》，《中华文史论丛》第四辑，上海古籍出版社，1964 年（转引自张树国、段开正《〈诗经〉祝辞考》，载《东方论坛》2005 年第 1 期）。

② 徐中舒：《金文嘏辞释例》，载《徐中舒历史论文选辑》，中华书局，1998 年，第 502～503 页。

③ 同上。

执事人，如《续资治通鉴长编》卷一百九十："祝嘏宗史既守以为常。"

二、文献上的祝嘏辞

这里我们把"词"和"辞"区别开来。"词"是最小的可以自由使用的独立音义单位，它不是句子。"辞"则是由词按照一定语法规则和语言习惯组成的语句。陈美琪先生将"祈""眉寿""降福""永命"等词语称作"祝愿词"[1]，我们认为是可以的。金文"祝嘏辞"则通常指祈福、致福的一组句子，如"其万年眉寿，子子孙孙永宝用享"。

（一）传世文献上的祝嘏辞

董芬芬先生将祝祷[2]辞分为四类：祈祷辞，相当于祝辞；嘏辞；贺辞；策祝。[3] 这些在《文心雕龙·祝盟》、徐师曾先生《文体明辨》中都归入祝文一门，张树国先生则从藤野岩友先生在《巫系文学论》里的说法，将之归入祝辞系文学[4]。

理论上祈祷辞起源很早，早在文字产生之前，先民思想中有鬼神概念的时候就具备了祈祷辞产生的条件。这个时候"夫人作享，家为巫史"（《国语·楚语》）。后来蚩尤作乱，"命重黎绝地

---

[1] 陈美琪：《西周金文字体常用词语及文例研究》（金信周《两周颂扬铭文及其文化研究》引作《西周金文字词文例研究》），中国文化大学博士学位论文，2001年，第277~304页。

[2] "祝"可通"祷"，《说文》："祷，告事求福也。"《周礼·春官》："小宗伯祷祠于上下神示。"注云："求福曰祷。"《毛诗》："春夏祈谷于上帝也。"笺云："祈，祷也，求也。"

[3] 董芬芬：《春秋辞令的文体研究》第四章，西北师范大学博士学位论文，2006年。

[4] 张树国：《祝辞系文学与〈诗经〉时代的言灵信仰》，《齐鲁学刊》2005年第4期。

天通"(《尚书·吕刑》),巫祝从普通人中分离出来成为人、神交流的媒介。至文字、简册出现,策祝也有了产生的条件。嘏辞则是在尸祝出现后才产生的。

《礼记·郊特牲》载蜡祭之辞曰:"土反其宅,水归其壑,昆虫毋作,草木归其泽。"徐师曾先生称之为"祝文之祖"。①《吕氏春秋·异用》:"汤见祝网者,置四面,其祝曰:'从天坠者,从地出者,从四方来者,皆离吾网。'汤曰:'嘻,尽之矣。非桀其孰为此也?'没收其三面,置其一面,更教祝曰:'昔蛛蝥作网罟,今之人学纾。欲左者左,欲右者右,欲高者高,欲下者下,吾取其犯命者。'"《墨子·兼爱》载汤祷雨的祝辞:"惟予小子履,敢用玄牡,告于上天后曰:'今天大旱,即当朕身履,未知得罪于上下,有善不敢蔽,有罪不敢赦,简在帝心。万方有罪,即当朕身。朕身有罪,无及万方。'"这些都是较早的祝辞。嘏辞则如《仪礼·少牢馈食礼》:"祝受以东北面于户西,以嘏于主人曰:'皇尸命工祝,承致多福无疆于汝孝孙。来汝孝孙,使汝受禄于天,宜稼于田,眉寿万年,勿替引之。'"《礼记·郊特牲》孔疏谓:"此大夫嘏辞也。人君则福庆之辞更多,故《诗经·楚茨》云'永锡尔极,时万时亿。卜尔百福,如岁如式'是也。"

先秦文献对祝嘏辞保存比较多的是《诗经》。张树国先生将《诗经》中的"祝辞形态按其功能"分为四类:祝祷、尸祝、祝史、诅咒②,并认为:"《诗经》中的'祝辞'系文学体现为两种样态,一是全篇为祝辞,二是包含祝官活动和祝辞成分。"③ 其中,"祝祷""尸祝"两类大体与我们通常所说的祝辞、嘏辞相

---

① 吴讷、徐师曾:《文章辨体序说·文体明辨序说》,人民文学出版社,1982年,第155页。
② 张树国、段开正:《〈诗经〉祝辞考》,《东方论坛》2005年第1期;张树国:《祝辞系文学与〈诗经〉时代的言灵信仰》,《齐鲁学刊》2005年第4期。
③ 同上。

当。如《诗经·我将》,"祀文王于明堂也",辞曰:"我将我享,维羊维牛,维天其右之。仪式刑文王之典。日靖四方。伊嘏文王,既右飨之。我其夙夜,畏天之威,于时保之。"又如《时迈》,"巡守告祭柴望也"。至于嘏辞,如《既醉》所记"公尸"酒足饭饱后的"嘉告":"其告维何?笾豆静嘉。朋友彼摄,摄以威仪。威仪孔时,君子有孝子。孝子不匮,永锡尔类。其类维何?室家之壶。君子万年,永锡祚胤。其胤维何?天被尔禄。君子万年,景命有仆。其仆维何?厘尔女士。厘尔女士,从以孙子。"等等。

人对人的祝福、祝贺之辞则是另一形式的祝嘏辞。凡人有喜庆之事皆可祝,祝则有辞。如《仪礼·士冠礼》:"始加,祝曰:'令月吉日,始加元服。弃尔幼志,顺尔成德。寿考惟祺,介尔景福。'再加,曰:'吉日令辰,乃申尔服。敬尔威仪,淑慎尔德。眉寿万年,永受胡福。'三加,曰:'以岁之正,以月之令,咸加尔服。兄弟俱在,以成厥德。黄耇无疆,受天之庆。'醴辞曰:'甘醴惟厚,嘉荐令芳。拜受祭之,以定尔祥。承天之休,寿考不忘。'"

"古人相信神灵的存在,对神灵充满着敬畏、信任、爱慕,人人都喜欢听美好的嘏辞,久而久之,嘏辞渐渐世俗化,就成了人与人之间的祝愿、祝贺之辞。徐师曾称之为'致辞'。"[①] 后来这种祝贺之辞还发展成为庆贺之表,如柳宗元《礼部贺册太上皇后贺表》、李新《皇帝即位贺表》等。

(二) 出土文献上的祝嘏辞

1. 甲骨文中的祝嘏辞

甲骨文有很多用"册""典""祝""祝册"的例子,那么商

[①] 参看董芬芬《春秋辞令的文体研究》,西北师范大学博士学位论文,2006年,第65页。

代甲骨文有没有祝嘏辞呢？连劭名先生认为祝和卜往往连续进行，因此祝辞也会成为占卜的命辞，其举例如下：

庚寅卜，其拜年于上甲三牛。

五牛。

十牛。吉。

拜年上甲，示壬，惠兹祝用。

弜唯兹用，吉。

惠食日酒，王受又。

拜年惠莫酒，王受又。（《小屯南地甲骨》2666，如图9所示）

连劭名认为："卜辞中'惠兹祝用'，当是指'拜年上甲，示壬'时的祝辞。"[1]

陕西周原甲骨有卜辞云："囟御于休令（命）？囟御于永冬（终）？"发掘简报说："休令即休命，永冬即永终，是金文中常用语，意为美善、永恒。这是两条祭祀祈福的卜辞。"[2] 李学勤先生云："大意是：能得到永终么？能得到休命么？为企求福佑之辞。"[3]

我们认为前者虽用"祝"，但不是具体的祝辞；后者类似祝辞，但却是占卜所问，不是真正的祝辞。卜辞中常见"祝于某""于某祝"等辞例，如：

(1) 贞：祝于祖辛。（《甲骨文合集》787）

(2) 贞：王其入，勿祝于下乙。（《甲骨文合集》1666）

(3) 于妣己祝。（《甲骨文合集》2421）

---

[1] 连劭名：《殷墟卜辞中的"祝"》，《殷都学刊》2005年第3期。
[2] 陕西周原考古队：《扶风县齐家村西周甲骨发掘简报》，《文物》1981年第9期。
[3] 李学勤：《西周甲骨的几点研究》，《文物》1981年第9期。

(4) 辛丑卜，殻贞：祝于母庚。(《甲骨文合集》13926)

图 9　《小屯南地甲骨》2666

（5）甲子卜，王：至大乙至祖乙祝。（《甲骨文合集》19820）

（6）辛酉卜，王：祝于妣己，乃取祖丁。（《甲骨文合集》19890）

（7）庚辰卜，王：祝父辛羊、豕，乃酒父……（《甲骨文合集》19921）

（8）祝亚束戠。（《甲骨文合集》22137）

（9）庚子卜，喜贞：岁叀（唯）王祝。（《甲骨文合集》23367）

（10）癸巳卜，大贞：其至祖丁祝，王受又（佑）。（《甲骨文合集》27283）

（11）叀（唯）祖丁祝用。（《甲骨文合集》27296）

（12）戊寅卜，贞：其祝。（《甲骨文合集》27456）

（13）妣祝叀（唯）羊。吉。（《甲骨文合集》27579）

（14）其祝在母。（《甲骨文合集》27599）

（15）丁丑卜，其祝王入于多亚。（《甲骨文合集》30296）

（16）贞：叀（唯）祖丁祝用，王受又（佑）。（《甲骨文合集》30439）

（17）癸卯卜，□贞：弜已祝。（《甲骨文合集》30757）

（18）弜已祝，于之若。吉。（《甲骨文合集》30763）

（19）癸未贞：叀兹祝用。（《小屯南地甲骨》771，如图10所示）

（20）其祝妣母，至戊。大吉。（《小屯南地甲骨》2121，如图11所示）

第一章 祝嘏铭文探析

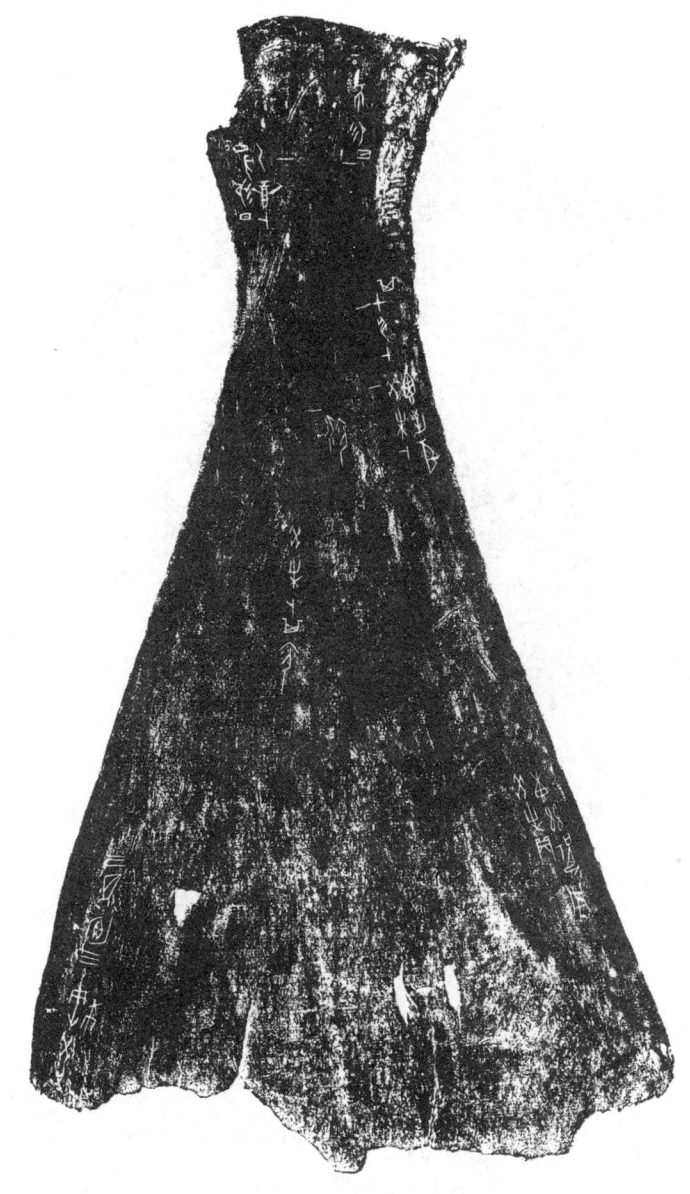

图10 《小屯南地甲骨》771

图 11 《小屯南地甲骨》2121

以上甲骨卜辞，虽然有"祝"，但是其内容与金文中常见的祝嘏辞还是有较大差别，因此与上述甲骨卜辞相似的辞例并非祝嘏辞。但是，它们的确从侧面反映了祝辞的存在，商代和西周初有祝辞是完全可能的。至于嘏辞，商代甲骨文和金文中均未有发现。

2. 两周金文上的祝嘏辞

两周金文上的祝嘏辞十分常见，学者对此已有所指出。这次铭文中的祝嘏辞短则数字，多则几十字。如：

（1）用祈眉寿无强（疆），子子孙孙永保用享。（邾叔之伯钟，《集成》87）

（2）用祈多福、眉寿、永令（命）无疆，其百子千孙，永宝用。（梁其壶，《集成》9716）

（3）用祈眉寿，万年无疆。（叔夜鼎，《集成》2646）

（4）用祈眉寿，迈（万）年无疆，子子孙孙永宝用之。（齐侯鼎，《集成》2738）

（5）用祈眉寿永令（命），子子孙孙其永宝用言（享）。（应侯见工鼎，《新收》1456）

（6）用旗（祈）眉寿万人〔年〕，子子孙孙，其永宝用。（柞伯鼎，《铭图》2488）

（7）用祈眉寿。（伯太师鼎，《铭图》2027）

（8）用祈多福，眉寿无疆，畯臣天〔子〕，其百子千孙，其万年无疆，其子子孙孙永宝用。（梁其鼎，《集成》2769，如图12所示）

（9）用祈眉寿，媌录（禄）、屯（纯）鲁。西其万年子子孙孙永宝用言（享）孝于宗。（师西鼎，《新收》1600）

（10）晋姜用祈艱（绰）窑（绾）眉寿，乍（作）疐为亟，万年无强（疆），用言（享）用德，畯保其孙子，参（三）寿是利。（晋姜鼎，《集成》2826，如图13所示）

（11）用祈眉寿，万年无强（疆），子孙是尚（常）。（叔原父

· 23 ·

甗,《集成》947)

图 12 梁其鼎铭文

图 13 晋姜鼎铭文

（12）用祈万寿。(伯白父簋，《集成》3920)

（13）用祈眉寿鲁休，鲜其万年子子孙孙永宝用。(毕鲜簋，《集成》5050)

（14）唯用奉（求）万年，孙孙子子永宝。(伯楑簋，《集成》4073)

（15）用祈眉寿，万年无疆，子孙是尚（常），子孙之宝，用孝用亯（享）。(丰伯簋，《集成》4107，如图14所示)

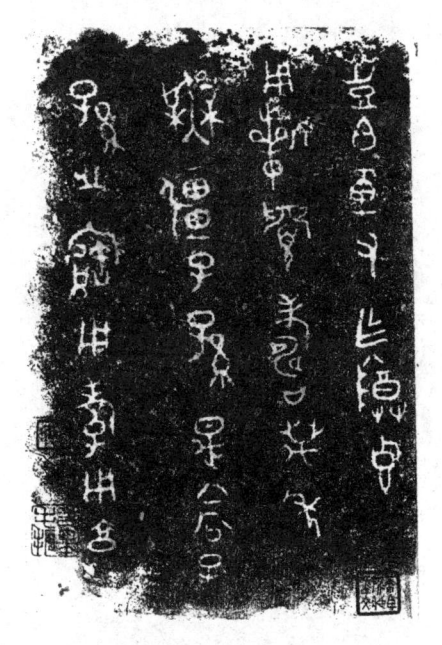

图14 丰伯簋铭文

（16）用匄（丏）眉寿、绰绾、永令（命），弥氒（厥）生，令冬（终），其万年无强（疆），子子孙孙永宝用亯（享）。(蔡姞簋，《集成》4198，如图15所示)

（17）用祈昜（赐）眉寿永命，子子孙孙其万年永宝用。(追夷簋，《新收》53)

（18）用祈匄（丐）眉寿永令（命），畯臣天子，霝（令）冬（终）。追其万年，子子孙孙永宝用。（追簋，《集成》4223，如图16所示）

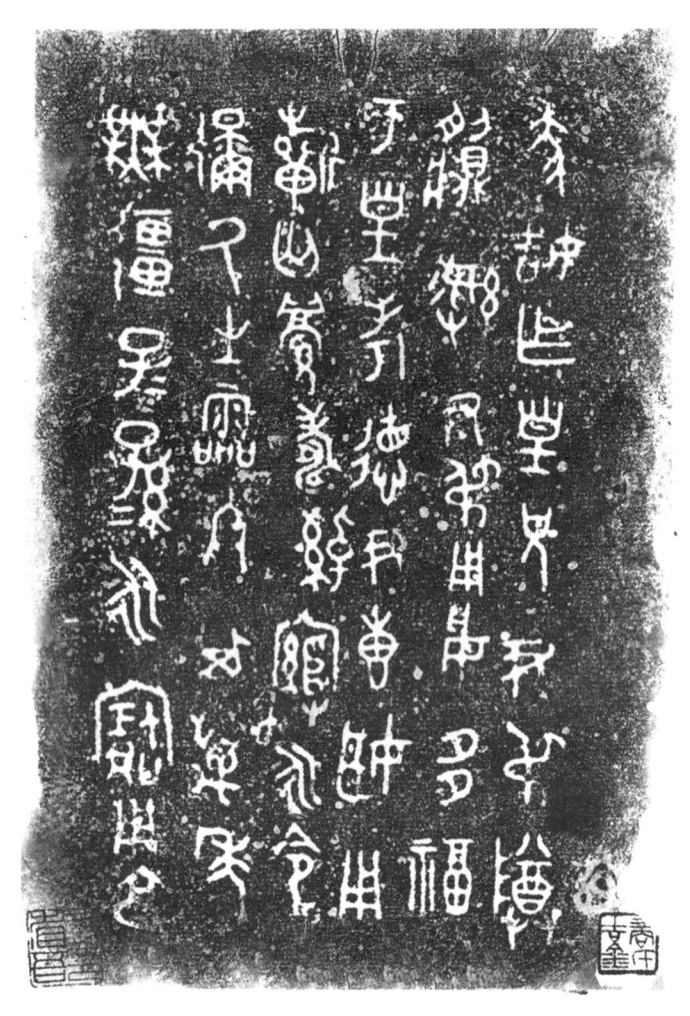

图 15　蔡姞簋铭文

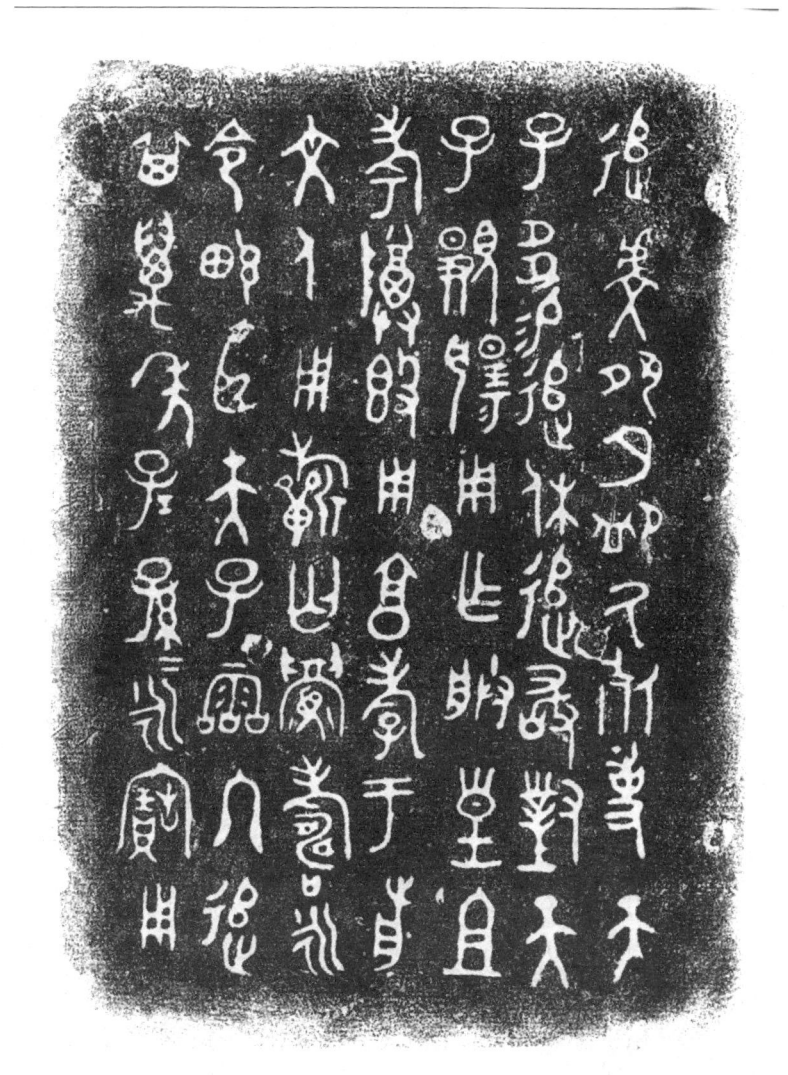

图 16　追簋铭文

（19）用祈万年眉寿，子子孙孙永宝用喜（享）。（三儿簋，《集成》4245）

（20）用祈屯（纯）录（禄）、永命，鲁寿子孙，归弖其迈

（万）年，日用盲（享）孝于宗室。（乖伯簋，《集成》4331)

（21）用祈眉寿，万年无强（疆），子子孙孙，用寿用之。（仲庆簋，《集成》4597）

（22）用祈眉老无疆，慝（哲）遹（德）不亡（忘），孙子之戁（贶）。（叔家父簋，《集成》4615）

（23）用祈眉寿，蠆（万）年无强（疆），也也（它它）熙熙（熙熙），男女无萁（期），子子孙永保用之。（齐侯敦，《集成》4645）

（24）用祈通录（禄），得屯（纯），霝（灵）冬（终），子孙永宝用世盲（享）。（瑪生尊，《铭图》11816）

（25）用祈匄（丐）眉寿，其万年霝（令）冬（终）难老，子子孙孙是永宝。（良父鼎，《集成》9713）

（26）用祈眉寿，韭（久）岁难老，其万年无强（疆），子子孙孙永保用盲（享）。（复封壶甲，《铭图》12447）

（27）用祈眉寿，子子孙孙永用为宝。（太师盘，《近出》1007）

（28）用祈眉寿，子子孙孙，用为元宝。（大孟姜匜，《集成》10274）

（29）用祈韕（绰）眉寿。（戎生钟己，《近出》32）

（30）用祈纯鲁永命，用匄（丐）眉寿无疆。（师丞钟，《集成》141）

（31）用祈万寿，用乐用盲（享），季氏受福无强（疆）。（虢季钟，《近出》86）

（32）用祈多福，子孙永宝。（鲜钟，《集成》143）

（33）用祈侯氏永命，万年令保其身，用盲（享）用考（孝）于皇祖圣吊（叔）、皇妣圣姜，于皇祖又（有）成惠吊（叔）、皇妣又（有）成惠姜、皇考遹（跻）中（仲）、皇母，用祈寿老母

（毋）死。(麸钟，《集成》271)

（34）用匄（丐）康勖、屯（纯）右（佑）、眉寿、永令（命）、霝（令）冬（终），万年无疆，克其子子孙孙永宝用。(小克鼎，《集成》2797)

（35）皇皇熙熙，万年无期，永保鼓之。(王孙诰编钟，《近出》60)

（36）至乍（作）宝鼎，其万年永宝用。(至鼎，《集成》2385)

（37）□舟乍（作）宝鼎，其万年子孙永宝用。(舟鼎，《集成》2484)

（38）其万年子子孙永用言（享）孝。(仲禹父鼎，《集成》2529)

（39）其万年眉寿，永宝用。(静叔鼎，《集成》2537)

（40）其眉寿万年，永宝用。(交君子鼎，《集成》2094)

（41）其万年子孙，永宝用。(者君鼎，《集成》2617)

（42）其万年眉寿无疆，子子孙永宝用言（享）。(邿伯祀鼎，《集成》2602)

（43）其万年无强（疆），日扬天子覭（录）令（命），子子孙孙永宝用。(史颂鼎，《集成》2787)

（44）天子万年，百世孙孙子子受毕（厥）屯（纯）鲁，白（伯）姜日受天子鲁休。(伯姜鼎，《集成》2791，如图17所示)

（45）万年无諆（期），子孙是制。(王子午鼎，《集成》2811)

（46）其眉寿无諆（期），子子孙孙永保用之。(楚子鼎，《铭图》2242)

（47）其眉寿无諆（期），永保用之。(叔姜鼎，《近出》521)

（48）其眉寿万年无諆（期），子子孙孙永宝用之。(上鄀公簠，《近出》536)

（49）迈（万）枼（世）无諆（期），亟于后民，永宝教之。（与兵壶，《新收》1980）

（50）眉寿无諆（期），子子孙永宝。（邓子与盘，《新收》1242）

图17　伯姜鼎铭文

3. 战国楚简所见嘏辞

近年来，随着大量战国文献的出土，战国出土文献中如清华简、望山楚简、包山楚简、新蔡楚简等都有一部分简可以称作祷祠记录[①]，包括秦骃祷病玉版，其中也有部分祝辞或嘏辞的内容，如：

---

① 陈伟：《楚人祷祠记录中的人鬼系统以及相关问题》，简帛网，2008年2月7日。

(1) 臧敢为位,既祷至(致)命。(《包山楚简》224)

(2) 与祷卲(昭)王,戠牛,馈之。(《包山楚简》244)

(3) ☐卫篡忻(祈)福于秋,一羍(驿)牡、一熊牡。(《新蔡葛陵楚简·甲一》7)

(4) ☐篡为君贞:忻(祈)福于卲(昭)王、献惠王、柬大王☐。(《新蔡葛陵楚简·甲》一21))

(5) ☐之日䳑(荐)大一牺,绥(缨)之以玧玉,旗(祈)之。(《新蔡葛陵楚简·甲三》11)

(6) ☐乐之,百之,赣(贡)之。祝。(《新蔡葛陵楚简·甲三》298)唬☐。(《新蔡葛陵楚简·甲三》295)

(7) ☐[不]瘥(怪)之古(故),忻(祈)福于司祸(祸)、司磋、司骶各一痒(牂)☐。(《新蔡葛陵楚简·乙三》5)

(8) ☐篡为君贞:忻(祈)福趣祷于☐。(《新蔡葛陵楚简·乙三》6)

(9) ☐鄢之古(故),命(祈)福☐。(《新蔡葛陵楚简·乙四》113)

(10) 旗(祈)之☐。(《新蔡葛陵楚简·零》284)

(11) 口䇂既□,其□□里,枼(世)万子孙,以此为尚(常)。[1](《秦骃祷病玉版》)

其中出现的"以祈福"可与金文"用祈多福""用求福"相对照,"世万子孙,以此为尚(常)"可与陈侯因𬭚敦"世万子孙,永为典尚(常)"(战国晚期,《集成》4649)相对照。

三、金文中祝辞、嘏辞之辨

学者通常把金文中的祈福、致福之语统称为祝嘏辞,或省称

---

[1] 侯乃峰:《秦骃祷病玉版铭文集解》,《文博》2005 年第 6 期。

· 31 ·

嘏辞，并不包括追孝辞、对祖先的颂扬等部分。金文中的祝、嘏其实也可以加以分辨，这对全面、深入地理解金文是有帮助的。

郑玄注《礼记》时说："祝，祝为主人飨神辞也。嘏，祝为尸致福于主人之辞也。"而"飨神辞"也并非仅是祈福之语，"祝"代主人对祖先、神灵所说的话皆可称为祝辞。那么，"祖日庚，乃孙作宝簋，用世享孝，其子子孙其永宝用"（祖日庚簋，《集成》3992）这样的铭文即通篇为祝辞，而许多专铸的追孝铭文"作器者曰"后面的话也可说是祝辞。这样，追孝辞、对祖考的颂扬，甚至作器辞等，都可以成为祝辞的内容。其实，对祖考称扬的话本来就是对祖考讲的，追孝的言辞、行为也是要报告给祖考的，作宝器（许多宝器本身就是祭器，或兼为祭器）也是一种孝的行为，所有这些都是为了得到祖考的肯定、保佑和赐福。很多铭文没有"作器者曰"字样，但铸刻成铭文即有告之于祖考的意思。不过，这种统而包之的"祝辞"划分法对金文研究并没有太多实际意义。追孝辞与祝辞关系虽密切，但它与一般祝辞的区别也是很明显的，学者通常也不视之为一类。

徐中舒先生曾认为《仪礼·少牢馈食礼》所载的下面两则祝嘏辞"祝辞似有省略"[①]：

孝孙某敢用柔毛、刚鬣、嘉荐、普淖，用荐岁事于皇祖伯某，以某妃配某氏，尚飨。

皇尸命工祝，承致多福无疆于女孝孙。来！女孝孙，使女受禄于天，宜稼于田，眉寿万年，勿替引之。

循上面的说法，则第一条祝嘏辞只是祝辞，第二条祝嘏辞用了第二人称代词"女（汝）"，称"女孝孙"，有嘏辞而无祝辞。

---

① 徐中舒：《金文嘏辞释例》，《徐中舒历史论文选辑》，中华书局，1998年，第502~503页。

第一章 祝嘏铭文探析

我们认为在铜器铭文里，一般情况下，自下而上的祈福之语即是祝辞，自上而下的赐福、叮嘱之语为嘏辞。这里的"上"非时王或上司，而主要是自己的祖考或"天"。

（一）祝辞

我们认为以"祈""匃""割""害"等词为谓语所引领的语句，也就是《金文嘏辞释例》所讨论的第一类，就是祝辞。"祈""匃"以及文献上的"介"都有祈求、乞与的意思。不过"匃"或"介"也可以训为"予"或"与"①，后可接双宾语②。如《诗》"介尔景福""以介我稷黍"，《尚书·多方》"我有周惟其大介赉尔"，《宋史》卷四百〇一"匃我三日期，不获，就死未晚"，《分门古今类事》卷二十"匃我三百金为酒费"，等等。而金文用为祈求、乞与意义的"祈""匃"后面通常不接双宾语，仅缀以乞与的内容，如"用祈眉寿无疆"等。这里有一个被假定的对方③，即能赐福给自己的祖考或者天，通常被省略。另外，"祈"或"匃"的主语，即作器者自己，也常常被省略。这样，我们就很容易将其主语误解成祖先或者天神，把"祈"或"匃"解作"赐予"，从而将句子当作尸命祝致福于主人的"嘏辞"。不过我们也发现了一些主语不省略或带祈匃对象的例子，如：

（1）择其吉金，以作铸缶，以祭我皇祖。吾以祈眉寿。栾书

---

① 《广雅·释诂三》："匃，与也。"王念孙《疏证》云："'乞''匃'为'求'而又为'与'，'贷'为'借'而又为'与'，'禀'为'受'而又为'与'，义有相反而实相因者，皆此类也。"

② 参时兵《古汉语双宾句再认识》［载《安徽大学学报（哲学社会科学版）》1999年第6期］，于智荣《"赐予类动词+代词+名词"为双宾句式——从〈诗经〉"永锡尔类"的训释谈起》（载《汉字文化》2007年第6期），张先坦《古汉语双宾语之间的语义联系考察》［载《贵州师范大学学报（社会科学版）》2006年第6期］。

③ 徐中舒：《金文嘏辞释例》，《徐中舒历史论文选辑》，中华书局，1998年，第504页。

· 33 ·

之子孙，万世是宝。（栾书缶，《集成》10008）

（2）舀用匃（丐）万年眉寿，永令多福。（舀壶盖，《集成》9728）

（3）克用匃（丐）眉寿无疆。（伯克壶，《集成》9725，如图18所示）

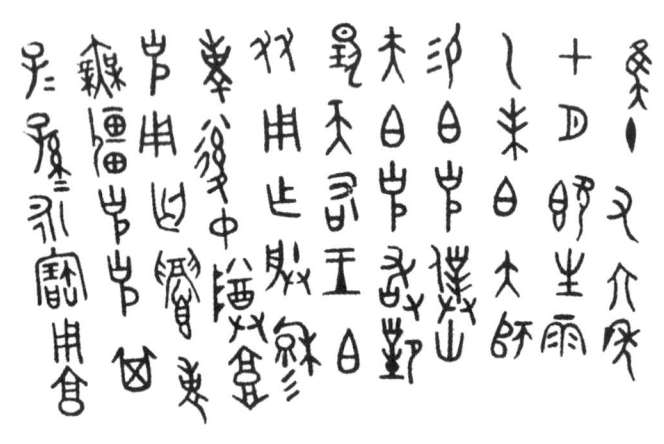

图 18 伯克壶铭文

（4）余用匃（丐）屯（纯）鲁霝万年，其永宝用之。（善鼎，《集成》2820）

（5）用祈眉寿繁釐于其皇祖皇考。（者㦰钟，《集成》196）

（6）其用匃（丐）永福。（作厥方尊，《集成》5993）

（7）晋姜用祈䨲（绰）竊（绾）眉寿。（晋姜鼎，《集成》2826）

（8）誓（祈）其万年宝，用卿（飨、享）孝。（伯誓簠，《集成》3943）

（9）敓（掠）用祈眉寿多福（福），万年无强（疆），子子孙孙，永保用亯（享）。（邾太宰钟，《集成》86）

（10）𢆶（兹）用匃（丐）眉寿，康䠱屯（纯）右（佑），𢆶

(豢）其万年子子孙孙永宝用言（享）。（荞簋，《新收》733）

主语是作器者名字或者第一人称代词，尤其当主语为第一人称代词时，就更加明确这些话是向祖先或者天神求福所作的祝祷。至于上举第六辞中的"其用匄永福"，根据张玉金先生的研究①，我们认为"其"非代词，而是表示即将、将要意义的副词，因此句子仍为祝辞。

如果句子没有祈、匄等有祈求、乞与意义的词，则要根据句中的称谓和上下文来判断是否祝辞。如胡簋曰："鈇作朕彝宝簋，用康惠朕皇文剌（烈）祖考，其各前文人，其濒在帝廷陟降，用黐保我家、朕位、鈇身，祂祂降余多福，宪觱宇慕远猷。"（《集成》4317）"黐保""降"的主语是祖考、前文人，间接宾语是"我""朕""胡""余"，句子实际上表达的是胡对祖考、前文人的祈求，因此是祝辞。又如"卑乃子戫万年"（戫簋，《集成》4322），"受（授）余通录（禄）、康𪊨、屯（纯）右（祐），广启朕（朕）身，勖于永令（命），用寓光我家"（通录钟，《集成》64）等。

（二）嘏辞

其实，"嘏辞"称法是后起之说，铜器铭文是作器者铸刻的，其文句都是作器者一人之语，都可视作"飨神之辞"。但为研究方便，学者仍采用了这种"嘏辞"说。这里，我们把嘏辞分成两类，即自上而下的致福之语和叮嘱或者寄语。

1. 第一类嘏辞

自上而下的致福之语为第一类嘏辞，这是对嘏辞的一般理解。这类嘏辞的具体判断仍然有赖于称谓和上下文意，具有人为性和相对性。

---

① 张玉金：《甲骨金文中"其"字意义的研究》，《殷都学刊》2001年第1期。

(1) 煌煌熙熙，万年无諆（期），眉寿母（毋）已，子子孙孙永保鼓之。(许子妝臽镈,《集成》153)

(2) 用匀（丐）屯（纯）叚（嘏）、永令（命），克其万年，子子孙孙永宝。(克镈,《集成》209)

(3) 以匽（宴）皇公，以受大福、屯（纯）鲁多釐、大寿万年，秦公其畯黥在位，眉寿无疆，匍有四方，其康宝。(秦公镈,《集成》268)

(4) 颂其万年眉寿无疆，畯臣天子，霝（令）冬（终）。(颂簋,《集成》4332)

(5) 用追孝于氒（厥）皇且（祖）晨公、于氒（厥）皇考犀孟公，用赐眉寿，万年无强（疆）。(邾公平侯鼎,《集成》2772,如图 19 所示)

图 19　邾公平侯鼎铭文

上面诸例的划线部分即我们所说的第一类嘏辞。如第三例，其中"以"为连词，后面是作器的目的，是对先公说的话，"以受大福、纯鲁多厘、大寿万年"即是祝辞。后面划线部分口吻似有变化，出现主语"秦公"，"其"为表示希望的语气词，"眉寿无疆"与"大寿万年"意义类似，因此可以认为是嘏辞。

2. 第二类嘏辞

"子子孙孙永宝用享""子孙永保用"之类的套语通常也被认为是嘏辞，但它与一般致福之辞不同，而是对受福者、子孙的叮嘱和寄语。"宝"有珍视、爱惜之意，"保"有保持、持有之意，"享"为祭祀用语。这类套语要表达的主要意思就是要子孙有继、宗祀不废。在宗族组织十分发达的周代，个人生命与宗族生命紧密结合，宗族的存在和延续是个人成长、发展的基础①，因此他们十分重视宗族的绵延和祖先祭祀。《春秋左传·成公十三年》记载刘子曾曰："国之大事，在祀与戎。"因而古人对祭器也格外重视，妥为保藏。传禹铸九鼎，"桀有乱德，鼎迁于殷，载祀六百。殷纣暴虐，鼎迁于周"（《史记》卷四十）。"迁鼎"即意味着一个国家的灭亡，因此楚庄王问鼎周室为王孙满所斥。对于家族来说，祭器也至为重要，"君子虽贫不鬻祭器，虽寒不衣祭服"（《礼记·曲礼》）。当然，家族被灭，子孙无继，则宗祀亦绝，故武王灭商，仍封纣子以续殷祀，以示恩德。于是，金文嘏辞出现"子子孙孙永宝用享"这样的套语就不足为怪了。

当然，这类套语还有一层意思，即希望垂名后世、永记恩德、效法祖考等。如，此在受到册命和赏赐后"作朕皇考癸公尊鼎"（此鼎，《集成》2821），铭文即以"子子孙〔孙〕永宝用"结尾。有些铭文则表达得更直白，"用明则之于铭，武文咸烈，永世毋

---

① 参看杜正胜先生《从眉寿到长生——中国古代生命观念的转变》，《"中央研究院"历史语言研究所集刊》第66本第2分，1995年，第393~398页。

忘"(𠨘羌钟,《集成》157)、"孙孙［用］之,后民是语"(余贎逨儿钟,《集成》186)即是。又如,陈侯午以诸侯献金作器,云"台(以)登(烝)台(以)尝,保有齐邦,永世毋忘"(陈侯午簋,《集成》4145),县改受赏,曰"敢肆于彝曰:其自今日,孙孙子子毋敢忘伯休"(县改簋,《集成》4269),等等。

第三节 祝嘏辞与金文的结构

商周金文的结构以作器辞为界,大体可分三个部分,即作器之因、作器辞和作器目的,具体的划分则"仁者见仁"。本书为叙述方便,试分八个部分详述如下。

一、时间

金文中记载的时间主要是年、月、日。纪年的具体方法一般是用时王在位时间表示,如"唯王廿又三祀"(大盂鼎,《集成》2837),或者用标志性事件表示,如"唯王来各于成周年"(厚趠方鼎,《集成》2730,如图20所示)。纪月的方法除一月作"正月"外,主要是用序数表示,如"王四月"(郸孝子鼎,《集成》2574),偶尔也会用别称,如"冰月丁亥"(陈逆簋,《集成》4096),等等。纪日的方法主要是干支纪日法,如"乙未"(丰作父丁鼎,《集成》2625),同时用月相等方法作为补充,如"唯十又二月既生霸"(公姞鬲,《集成》753),等等。有记载时间的铜器铭文整体上比较少,但是却十分重要,特别是对于先秦历法研究和铜器断代研究极具价值。

按照时间在铭文中的位置,可以分为以下四种情况:
1. 时间在开头。此种格式的铜器铭文有许多,如:"乙未"

（豊作父丁鼎，《集成》2625），"在戊辰"（伯矩鬲，《集成》689），"七月丁亥"（乙鼎，《集成》2607），"唯五月庚申"（叔液鼎，《集成》2669），"唯十又二月既生霸"（公姞鬲，《集成》753），"唯王来各于成周年"（厚趠方鼎，《集成》2730），"王四月"（郸孝子鼎，《集成》2574），"唯王正月辰在丁亥"（邾公孙班镈，《集成》140），"唯正月初吉乙亥"（樊季氏孙仲鼎，《集成》2624），"唯十又五年六月"（大簋盖，《集成》4125，如图21所示），"冰月丁亥"（陈逆簋，《集成》4096），等等。

图20　厚趠鼎铭文　　图21　大簋铭文

其中，"唯某某月，辰在某某"的记日格式，据统计①，流行的年代约在西周早期后半至西周中期。而"初吉"的说法则"最早见于昭王时期的器物，而流行于穆王以后"②。

---

① 巴纳：《夨令彝集释》（英文），《香港中文大学中国文化研究所学报》第九卷、下册；林巳奈夫：《殷—春秋前期金文的书式与常用语句之时代的变迁》（日文），《东方学报》第55册（引自李学勤《令方尊、方彝新释》注4，《古文字研究》第十六辑）。

② 彭裕商：《西周青铜器年代综合研究》，巴蜀书社，2003年，第298页。

2. 时间在中间。如"唯六月既生霸①乙卯"(尹姞鬲,《集成》754),"十又一月庚申"(旅鼎,《集成》2728),"戊辰"(甹鼎,《集成》2739),"辛未,王在管𠂤(师)"(利簋,《集成》4131),"在二月既望乙亥"(作册魖卣,《集成》5432),"乙亥之日"(鄂君启车节,《集成》12110),"隹(唯)九月既死霸丁丑"(矢令簋,《集成》4300),"己卯"(保员簋,《集成》5202),"十又一月癸未"(史兽鼎,《集成》2778),"在四月丙戌"(何尊,《集成》6014)等。

3. 时间在结尾。如"唯王五祀"(五祀𫊟钟,《集成》358),"厥日唯乙"(史喜鼎,《集成》2473),"戊寅"(楚王酓肯簠,《集成》4549)等。

4. 时间分成两部分,分开来记。如"丙午……在九月"(戍嗣鼎,《集成》2708),"唯九月……唯王廿又三祀"(大盂鼎,《集成》2837),"唯十月……甲申之辰"(多友鼎,《集成》2835,如图22所示),"癸巳……在十月四"(小盂鼏簋,《集成》4138)、保卣(《集成》5415)等,均如是。

图 22 多友鼎铭文

---

① 既望、既生霸和既死霸都是西周金文常用的纪时术语。

《尔雅·释天》曰:"夏曰岁,商曰祀,周曰年。"因此,月日在前、铭末标"祀"纪年是殷人的做法,如小臣俞犀尊(《集成》5990)、戍铃方彝(《集成》9894),"隹(唯)王七祀翌日"(亚鱼鼎,《近出》339)等。这种格式在西周晚期已经少见。

二、作器辞

商周金文里常见有某作某器之类的句子,我们称之为作器辞,也有学者称之作器铭款。

作器辞是绝大部分青铜器铭文不可或缺的组成部分,也可以独立成篇。完整的作器铭文又包括作器者、作器动词、作器对象和器名等部分,赵平安先生称之为"某作某器"[①]。这里的作器者通常不是具体作器的工匠,而是主持、指使作器的贵族,其例甚众,如利簋称利为"有事",利显非工匠。而对作器者的表述则是族氏、职官、私名、字号等称谓的增减组合。例如:

(1)匽(燕)侯旨乍(作)父辛尊。(匽侯旨作父辛鼎,《集成》2269)

(2)侯赐中贝三朋,用乍(作)祖癸宝鼎。(中鼎,《集成》2458)

(3)伯大师小子伯公父乍(作)簠。(伯公父簠,《集成》4628)

(4)瑴(胡)叔、瑴(胡)姬乍(作)伯媿媵簋。(瑴叔瑴姬簋,《集成》4063)

(5)鲁侯乍(作)姬番鬲。(鲁侯鬲,《集成》545)

(6)田告乍(作)母辛尊。(田告鼎,《集成》2145)

[①] 赵平安:《论铭文中的一种特殊句型——"某作某器"句式的启示》,《古汉语研究》1991年第4期。

（7）伯乍（作）姬饮壶。（伯饮壶，《集成》6456）

（8）鲁侯乍（作）尹叔姬壶。（鲁侯壶，《集成》9579）

（9）伯百父乍（作）孟姬朕（媵）般（盘）。（伯百父盘，《集成》10079）

（10）虢季乍（作）中姬宝也（匜）。（虢季匜，《集成》10192）

（11）宗中（仲）乍（作）尹姞匜。（宗仲匜，《集成》10182）

（12）白（伯）田父乍（作）井妠宝簋。（伯田父簋，《集成》3927）

（13）吊（叔）向父乍（作）婞姒尊簋。（叔向父簋，《集成》3851）

（14）季良父乍（作）敔姒（姒）宝盉。（季良父盉，《集成》9443）

（15）伯上父乍（作）姜氏障（尊）鬲。（伯上父鬲，《集成》644）

（16）矢王乍（作）郑姜障（尊）簋。（矢王簋，《集成》3871）

（17）子吊（叔）乍（作）吊（叔）姜障（尊）壶永用。（子叔壶，《集成》9604）

（18）郑义伯乍（作）季姜宝也（匜）用。（郑义伯匜，《集成》10204）

（19）白（伯）夏父乍（作）毕姬障（尊）鬲。（伯夏父鬲，《集成》720）

（20）辛吊（叔）皇父乍（作）中姬障（尊）簋。（辛叔簋，《集成》3859）

（21）鲁白（伯）愈父乍（作）鼃（邾）姬仁朕（媵）沫盘。（鲁伯愈父盘，《集成》10113）

（22）陈侯乍（作）王中（仲）妫嫠母朕（媵）般（盘）。

· 42 ·

(陈侯盘，《集成》10157)

作器动词通常用"乍"，即"作"，表示制作、铸造，亦有用"铸""作铸""为""作为"等词的。如：

(23) 大保铸。(大保卣，《集成》5018)

(24) 晋侯对作铸尊鼎。(晋侯对鼎，《文物》1995年第7期14页)

(25) 秦公乍（作）铸用鼎。(秦公鼎甲，《近出》293)

(26) 益公为楚氏和钟。(益公钟，《集成》16)

(27) 乔夫人铸其䤾（馈）鼒（鼎）。(乔夫人鼎，《集成》2284)

(28) 内（芮）公乍（作）铸从鼎，永宝用。(芮公鼎，《集成》2387)

(29) 曾子白（伯）誩铸行器，尔永祜福。(曾子伯鼎，《集成》2450)

(30) 内（芮）大（太）子乍（作）铸鼎，子孙永用䚋（享）。(芮太子鼎，《集成》2448，如图23所示)

图23 芮太子鼎铭文

作器对象标示器物的所有者，也即表明器物是为谁而作。陈英杰先生说："商代铭文中作器对象和祭祀对象通常是相同的，所以有的著作直接称之为'受祭者名'。但有的作器对象不一定是受祭祀者，所以综观整个铭文历史，似乎称为'作器对象'更为科学，也更为全面。"①甚是。我们知道有些铜器是养器，为生者所作，如媵器之作器对象即是。陈先生还将商代铭文中的作器对象分为15种形式，也可取。商人或商遗民所作祭器的作器对象通常都带有日名。

器名又可分为三个部分：（1）修饰词"宝"，表示珍贵、重要，也含有作器者重视和郑重的意思。青铜器多为礼器，为国家或宗族重器，故用"宝"。（2）表征铜器用途或存放地点的词，如飤、媵、宗等。（3）器物名称，早期的多为通称，如彝、尊、尊彝等，后来专称较多，如豆、钟、镈、壶、匜、鼎、鬲等。器名就是上述三项的增减组合，通常器物名称部分不省，但在商代和西周早期也有省略的情况，径作"宝"或"旅"等，后世则少见。如"吊（叔）作宝"（《集成》1732，西周早期），"□作旅"（《集成》1776，西周早期），"作从"（《集成》8304，西周早期）。完整的器名，即三项皆备的，如启尊"启作祖丁旅宝彝"，启卣"作祖丁宝旅尊彝"等。

作器辞的一些常见格式如下：

（1）只有作器对象的铭文多见于殷商或西周早期的青铜器，铭文常仅记父祖日名和"父""祖"等亲属称谓，表示该器为纪念父、祖而作，刘雨先生称为"祭奠父祖"类铭文②，马承源先生称为"祭辞"③。如"父甲"（《集成》7874、《集成》7879），

---

① 陈英杰：《商代铜器铭文作器对象的考察》,《考古与文物》2006年第6期。
② 刘雨：《近出殷周金文集录·前言》，中华书局，2002年，第2页。
③ 马承源：《中国青铜器》，上海古籍出版社，2004年，第352页。

"父乙"(《铭图》375、《集成》799),"父丙"(《铭图》7177、《集成》7901),"父丁"(《集成》1255、《集成》1256),"父戊"(《集成》1259、《集成》1257),"父己"(《集成》1265、《集成》1263),"父庚"(《集成》7948、《集成》7950),"父辛"(《集成》1268、《集成》10025,如图24所示),"父壬"(《集成》1272、《集成》7972),"父癸"(《集成》1277、《集成》1276),"母乙"(《集成》1281、《近出》814),"乙冉"(《集成》1385),"句父辛"(《集成》1658),"司母戊"(《集成》1706,如图26所示),等等。

图 24 句父辛鼎铭文　　图 25 司母戊鼎铭文

(2) 只有作器者和作器对象的铭文马承源先生亦将其称作祭辞,如"子申父己"(《集成》1873),"父甲"(《集成》

3144),"亚父甲"(《铭图》8095),"田父甲"(《集成》9205),"庚父己"(《集成》816),"见父己"(《集成》819),"冀父癸"(《集成》822),"爰父癸"(《集成》824),"息父乙"(《集成》1535),"舌父己"(《集成》1616),"史父庚"(《集成》1623,如图 27 所示),等等。

图 27 史父庚鼎铭文

(3) 只有作器者和作器动词,如"大保铸"(大保方鼎,《集成》1735)。

(4) 作器辞只有作器对象和器名,如"大祝禽鼎"(《集成》1937),"师公之鼎"(《集成》1932)①,"成王尊"(《集成》1734),"冀父甲盘"(《集成》10038),等等。

(5) 作器辞只有作器动词和器名,如"乍(作)宝尊彝"

---

① 这种带"之"的格式较特殊,赵平安先生在《试论铭文中"主语+之+谓语+器名"的句式》(《古汉语研究》1994 年第 2 期)中有详细讨论,认为其出现的上限为春秋早期,可能消失在战国晚期。

(《集成》5781),"乍(作)尊彝"(《集成》491),"乍(作)彝"(《集成》471),"乍(作)簋"(《集成》3977),"乍(作)宝鼎"(《集成》1779),"乍(作)宝彝"(《集成》493),"乍(作)从彝"(《集成》835),"乍(作)宝鼎"(《集成》1778),"乍(作)旅鼎"(《集成》1775),等等。

(6) 作器辞只有作器动词和作器对象,如"乍(作)己姜"(《集成》3230),"乍(作)父癸"(《集成》3342),"乍(作)父乙佣"(《集成》3306),"乍(作)父乙 ◇"(《集成》1878),等等。

(7) 作器辞有作器者、作器动词和作器对象,如"耒乍(作)父己"(《集成》3328),"责乍(作)父辛"(《集成》3335),"◇乍(作)父丁"(《集成》3430),"令乍(作)父乙"(《集成》3508,如图28所示),"白(伯)乍(作)乙公尊簋"(《集成》3540),"戈乍(作)父乙尊彝"(《集成》3503),"王乍(作)姜氏尊簋"(《集成》3570),"休乍(作)父丁宝簋"(《集成》3609,如图29所示),"大禾乍(作)父乙尊彝"(《集成》3603),"吊(叔)乍(作)父丁宝尊彝"(《集成》3605)。

图 28 令簋铭文   图 29 休簋铭文

（8）作器辞有作器动词、作器对象和器名，如"乍（作）祖丁尊彝"（《集成》5793），"乍（作）父戊宝尊彝"（《集成》5830），"乍（作）父乙尊彝"（《集成》2007），"用乍（作）父乙尊彝"（《集成》3507），"乍（作）父乙宝簋"（《集成》3510），"用乍（作）祖丁彝"（《集成》3940），"乍（作）孟姜尊簋"（《集成》4005），"乍（作）微姚宝簋"（《集成》4070），"用乍（作）父丁尊彝"（《集成》4042），"用乍（作）辛公簋"（《集成》4159），"乍（作）祖考簋"（《集成》4170），"用乍（作）文考宝簋"（《集成》4259），"用乍（作）乙公尊彝"（《集成》4201），"用乍（作）朕皇考癸公尊簋"（《集成》4308），等等。

（9）作器辞有作器者、作器动词和器名，如"登乍（作）尊彝"（《集成》5768），"白（伯）乍（作）宝彝"（《集成》5765），"膺公乍（作）宝尊彝"（《集成》5841），"吊（叔）乍（作）彝"（《集成》489），"仲姞乍（作）羞鬲"（《集成》357），"会始（姒）乍（作）朕（媵）鬲"（《集成》536），"吊（叔）宝父乍（作）宝盨"（《集成》4377），"白（伯）车父乍（作）旅须（盨）"（《集成》4382），"吊（叔）良父乍（作）旅盨"（《集成》4409），"白（伯）多父乍（作）旅须（盨）"（《集成》4368），"虢吊（叔）乍（作）旅簋"（《集成》4514），"吊（叔）邦父乍（作）簋"（《集成》4580），"内（芮）太子白（伯）乍（作）簋"（《集成》4537），"白（伯）寿父乍（作）宝簋"（《集成》4535），"白（伯）乍（作）宝彝"（《集成》5106），"周生（甥）乍（作）尊豆"（《集成》4682），"齐侯乍（作）飤敦"（《集成》4638），"白（伯）太师小子白（伯）公父乍（作）簋"（《集成》4628），"白（伯）鱼乍（作）宝尊彝"（《集成》5234），"卫父乍（作）宝尊彝"（《集成》5242），"向乍（作）厥尊彝"（《集成》5250），等等。

（10）作器辞有作器者、作器动词、作器对象和器名，如"周公乍（作）文王尊彝"（《集成》2268），"匽（燕）侯旨乍

（作）父辛尊"（《集成》2269），"串乍（作）父丁宝鼎"（《集成》2319），"狈元乍（作）父戊尊彝"（《集成》5278），"王乍（作）母癸尊"（《集成》5807），"商乍（作）父丁吾尊"（《集成》5828），"白（伯）角父乍（作）宝盉"（《集成》9440），"王乍（作）丰妊单宝盉"（《集成》9438），"子吊（叔）乍（作）吊（叔）姜嫭（尊）壶"（《集成》9604），"白（伯）百父乍（作）孟姬朕（媵）般（盘）"（《集成》10079），"白（伯）姬父乍（作）京姬也（匜）"（《集成》10226），"匽（燕）公乍（作）为姜乘般（盘）也（匜）"（《集成》10229），等等。

这种作器辞在春秋末和战国时期有了变化，而发展成为战国兵器等器物上常见的物勒主名式铭文和物勒工名式铭文。前者如"陈侯因咨造"（陈侯因咨戈，《集成》11260），"燕王职作王萃"（燕王职戈，《集成》11190）；后者如"四年，右库冶气之铸"（四年右库戈，《集成》11266），"大攻（工）尹"（大工尹剑，《集成》11576）。

三、作器的取材、代价

有些铭文在作器辞的作器动词前或者作器辞后（相对少见）记有作器的取材，常用"择之金""用其吉金""取厥吉金"之类的话。据张昌平先生研究[①]，"择其吉金"是春秋中晚期流行于楚国的金文辞例，春秋晚期传播至楚系国家以及吴、越等国。"择其吉金"与另一辞例"用其吉金"关系密切，它们最初可能都是起源于周文化中心区域，而后在豫南鄂北地区流行，并同时为楚国青铜器铭文所采用。这部分当然也可以归入作器辞，因其

---

① 张昌平：《"择其吉金"金文辞例与楚文化因素的形成与传播》，《中原文物》2006年第4期。

出现较晚，用语和位置比较固定，故单独列于此，如：

（1）邾君求吉金，用自乍（作）其龢（和）钟、龢（和）铃，用处大政。（邾君钟，《集成》50）

（2）唯曾伯宫父穆，乃用吉金，自乍（作）宝尊鬲。（曾伯宫父穆鬲，《集成》699）

（3）伯大师小子伯公父乍（作）簠。择之金，隹（唯）鐈（鉴）佳（唯）卢。其金孔吉，亦玄亦黄。用成（盛）糕、𪗴（稻）、需（糯）、梁。我用召卿士辟王，用召诸考诸兄。用祈眉寿，多福多疆，其子子孙孙万年永宝用亯（享）。（伯公父簠，《集成》4628）

（4）何訇君氒择其吉金，自乍（作）旅鼎。（何訇君氒鼎，《集成》2477）

（5）卫白（伯）须用吉金乍（作）宝鼎，子孙用之。（卫伯须鼎，《新收》1198）

（6）曾中（仲）子敀用吉金自乍（作）宝鼎，子孙永用亯（享）。（曾仲鼎，《集成》2564）

（7）隹（唯）正月初吉，樊季氏孙中（仲）嬭（奶）菫，用其吉金，自乍（作）礴沱。（樊季氏鼎，《集成》2624）

（8）隹（唯）王八月既望，鄦公汤用其吉金，自乍（作）荐鼎，其万年无强（疆），子子孙孙永宝用亯（享）。（汤鼎，《集成》2714）

（9）隹（唯）九月初吉丁亥，邓公孙无嬰（忌）屎吉金，铸其□鼎，其用追孝朕（朕）皇高且（祖），余用正（征）用行，永寿无强（疆），子子孙孙永宝用之。（无忌鼎，《新收》1231）

（10）取𤔲（厥）吉金，用乍（作）宝䵼（尊）鼎。（晋姜鼎，《集成》2826）

（11）曾子单用吉金，自乍（作）宝鬲。（曾子单鬲，《集成》

50

625）

（12）隹（唯）五年正月丙午，鄟（筥）厌（侯）少（小）子
斨（析）、乃孝孙不巨，鎝（拾）趣（取）吉金，妳乍（作）皇妣剌
君中妃祭器八簋，永保用亯（享）。（莒侯簋，《集成》1234）

（13）隹（唯）王正月初吉丁亥，䚦（许）公买择毕（厥）
吉金，自乍（作）飤臣（簠），以祈眉寿，永命无强（疆），子子
孙孙，永宝用之。（许公买簠，《集成》4617）

（14）合（答）扬毕（厥）德，者（诸）侯羞荐吉金，用乍
（作）孝武趄（桓）公祭器敦，台（以）烝（烝）台（以）尝，
保有齐邦，世万子孙，永为典尚（常）。（陈侯敦，《集成》4649，
如图30所示）

图30 陈侯敦铭文

（15）隹（唯）十四年，中山王䜌命相邦贾斁（择）郾（燕）
吉金，鈼（铸）为彝壶。（中山王壶，《集成》9735）

（16）吴王夫差，择毕（厥）吉金，自乍（作）御缶。（夫差

缶,《铭图》14082)

(17) 黾（邾）君求吉金，用自乍（作）其龢（和）钟、龢（和）铃，用处大政。（邾君钟,《集成》50）

(18) 劼（嘉）遣卤责（积），俾潜征繇（繁）汤，取氒（厥）吉金，用乍（作）宝协钟。（戎生钟丁,《近出》30）

(19) 王欲（?）复师，择吉金，自乍（作）禾（和）童（钟），台（以）乐宾客，志（志）劳尃（赙）者（诸）侯。（越王朱句钟,《铭图》15430）

(20) 余购遝儿，得吉金镈铝，台（以）铸龢（和）钟，台（以）追考（孝）先且（祖），乐我父兄。（仆儿钟,《集成》183）

(21) 台（以）共（供）朝于王所。又（受）吉金，刑铸和锺（钟），敬监（临）裸祀，乍（作）朕（朕）皇祖靠（恭）公、皇考惠公彝。（邿公钟,《铭图》15815）

(22) 黾（邾）公华择氒（厥）吉金，幺（玄）镠赤镈（铝），用盬（铸）氒（厥）龢钟，台（以）乍（作）其皇且（祖）、皇考。（邾公华钟,《铭图》20526）

(23) 隹（唯）番昶白（伯）者君用其吉金，自乍（作）旅盘，子孙永宝用之。（者君盘,《集成》10140）

(24) 隹（唯）曾子白（伯）旮，用其吉金，自乍（作）旅盘，（其）黄耇霝（令）冬（终），万年无强（疆），子孙永宝用言（享）。（曾子盘,《集成》10156，如图31所示）

图 31　曾子盤铭文

（25）郑武公之孙圣白（伯）之子良夫择氒（厥）吉金，自乍（作）盥鎜（盘），子子孙孙永宝用之。（良夫盘，《铭图》14521）

个别铭文则记有作器所用的代价，如：

（26）遽伯睘作宝尊彝，用贝十朋又四朋。（遽伯睘，《集成》3763）

四、族氏

族氏名为一家族的标记，其字形通常图象性较浓，或称族徽、徽记、族氏铭文等，独立性很强，可置于铭首或铭尾，甚至独自成篇（多见于殷商或西周早期铜器）。如：

（1）🀫。（🀫爵，《新收》319）

（2）🀫。（🀫鼎，《集成》1176）

（3）乍（作）文考日己宝尊宗彝，其子子孙孙万年永宝用。🀫（天）。（日己方彝，《集成》9891）

(4) 囗。(囗甗,《集成》769)

(5) 囧囗。(囧囗爵,《集成》8015)

(6) 囗。(囗卣,《集成》4713)

(7) 亚吊(叔)。(亚叔觚,《集成》6988)

(8) 戈父乙。(戈父乙簋,《近出395》)

(9) 戈己。(戈己鼎,《集成》1293)

(10) 㐬己。(㐬己,《新收》1702)

五、称扬辞

简单的称扬辞是在称谓前加上美称。称谓对象可以是人,如皇祖、文考等,可以是物,如吉金等,也可以是非物质的,如烈德、永命等。这种称扬辞缺乏独立性,通常不能独自成句。

复杂的称扬辞则包括称扬内容、效法遵行和"稽首对扬"三个部分[①]。根据金信周先生的研究,称扬内容又可以分为颂德、颂功、颂威仪、颂明哲、颂勤劳、颂志节等类[②]。效法遵行部分则常见于一些以祖先为颂扬对象的专铸铭文,具体是效法遵行和努力的内容。"稽首对扬"部分则是"作器者+捧(拜)頴(稽)首,对扬某休"之类的套语,并且"稽首对扬"部分前通常都会有赏赐内容,如:

(1) 不(丕)显皇祖考,穆穆异异(翼翼),克哲厥德,农臣先王,得屯(纯)亡(无)敃(愍)。梁其肇帅井(型)皇祖考,秉明德,虔夙夕辟天子。天子肩事梁其,身邦君大政,用天

---

① 金信周先生在其博士论文《两周颂扬铭文及其文化研究》中将内容比较丰富的专铸颂扬铭文的正文分为颂扬辞、后孙的效法遵行、册命与赏赐、拜稽首与对扬、作器铭识和祝嘏辞等部分。

② 金信周:《两周颂扬铭文及其文化研究》,复旦大学博士论文,2006年,第23~24页。

子宠蔑梁其历。梁其敢对天子不（丕）显休扬。（梁其钟,《集成》187）

（2）不（丕）显皇考更（惠）叔,穆穆秉元明德,御于厥辟,得屯（纯）亡（无）敃（愍）。旅敢肇帅井（型）皇考威义（仪）,淄御于天子,乃天子多赐旅休。旅敢对天子鲁休扬。（虢叔旅钟,《集成》239）

（3）隹（唯）二月辛酉,王姜易（锡）小臣伯贝二朋,扬王休,用乍（作）宝鼎。（小臣鼎,《近出》340）

（4）隹（唯）四月既生霸己丑,公赏乍（作）册大白马,大扬皇天尹大（太）保室,用乍（作）且（祖）丁宝尊彝。（大鼎,《集成》2758）

（5）王乎（呼）殷氒（厥）士,齐吊（叔）矢以斤、衣、车、马、贝卅朋。敢对王休,用乍（作）宝尊彝,其万年扬王光氒（厥）士。（叔矢鼎,《新收》915）

（6）史兽献工（功）于尹,咸献工（功）,尹赏史兽祼,易（赐）豕鼎一、爵一,对扬皇尹不（丕）显休,用乍（作）父庚永宝尊彝。（史兽鼎,《集成》2778）

（7）八月初吉庚申至,告于成周,月既望丁丑,王才（在）成周大（太）室,令（命）静曰："卑（俾）女（汝）阘（司）才（在）曾噩（鄂）𠂤（师）。"王曰："静,易（赐）女（汝）鬯、旗、巿（韨）、采芇。"曰："用事。"静扬天子休,用乍（作）父丁宝尊彝。（静鼎,《近出》357）

（8）遂捧（拜）頴（稽）首,受册,佩以出,反入（纳）堇（瑾）圭。遂敢对天子不（丕）显鲁休扬,用乍（作）朕皇考龏（恭）吊（叔）鼒彝。（遂鼎,《铭图》2506）

（9）王乎（呼）内史册命驭：易（锡）母（汝）幽黄（衡）、攸（鋚）勒。驭頴（稽）首,敢对扬王休,用乍（作）尊簋,其

万年子子孙孙永宝用旨（享）。（驭簋，《铭图》5243）

(10) 隹（唯）三年五月丁子（巳），王才（在）宗周，令史颂省苏妽友、里君、百生（姓），帅偶盩于成周，休又（有）成事，苏宾（傧）章（璋）、马四匹、吉金，用乍（作）䵼彝，颂其万年无强（疆），日扬天子覭（景）令（命），子子孙孙永宝用。（史颂鼎，《集成》2787，如图32所示）

(11) 王才（在）鲁，蔡易（锡）贝十朋，对扬王休，用乍（作）宗彝。（蔡尊，《集成》5974）

(12) 隹（唯）王南征才（在）庐（斥），王令生办事于公宗，小子生易（锡）金、郁鬯，用乍（作）𣪘宝尊彝，用对扬王休，其万年永宝用卿（饗）出内（入）事（使）人。（小子生尊，《集成》6001）

图32 史颂簋铭文

(13) 隹（唯）十又六年七月既生霸乙未，白（伯）大（太）师易（赐）白（伯）克仆卅夫，白（伯）克敢对扬天，右（佑）王白（伯）友（贿）用乍（作）朕（朕）穆考后中（仲）尊壶。（伯壶，《集成》2437）

(14) 隹（唯）十又二月，矢王易（赐）同金车、弓矢，同对扬王休，用乍（作）父戊宝尊彝。（同卣，《集成》5398）

(15) 唯六月，弔（叔）易（赐）贝于寑（寝），弔（叔）对扬辟君休，用乍（作）朕（朕）文考宝尊彝。（叔簋，《集成》3428）

(16) 隹（唯）王十月既望，辰才（在）己丑，王逄（格）于庚嬴（嬴）宫，王蔑（蔑）庚嬴（嬴）历，易（赐）贝十朋，又丹一枑（管）。庚嬴（嬴）对扬王休，用乍（作）氒（厥）文姑宝尊彝，其子子孙孙，萬（万）年永宝用。（庚嬴卣，《铭图》13338）

(17) 公易（赐）氒（厥）卋（世）子效王休贝廿朋。效对公休，用乍（作）宝尊彝。乌乎（呼），效不敢不迈（万）年夙夜奔徒（走）扬公休，亦其子子孙孙永宝。（效卣，《集成》5433）

(18) 令（命）乍（作）册折兄（贶）星（望）土于相侯，易（赐）金易（赐）臣，扬王休，隹（唯）王十又（有）九祀，用乍（作）父乙尊，其永宝。（折觥，《集成》9303）

(19) 今余隹（唯）至（经）乃先圣且（祖）考，申赣乃令（命），令（命）女（汝）疋（胥）焚（荣）兑，䌛嗣（司）三（四）方吴（虞）薔（林），用宫御。易（赐）女（汝）赤巿（韍）、幽黄（衡）、攸（鉴）勒。"逑敢对天子不（丕）显鲁休扬，用乍（作）朕（朕）皇且（祖）考宝尊般（盘）。（逑盘，《新收》757）

(20)隹（唯）□月初吉□寅，王才（在）成周阑（司）土（徒）淲宫，王易（赐）鲝（鲜）吉金，鲝（鲜）捧（拜）頴（稽）首，敢对扬天子休，用乍（作）朕（朕）皇考替（林）钟。用侃喜上下，用乐好宾，用祈多福，子孙永宝。（鲜钟，《集成》143）

其实，一些形容作器所用铜材和所作乐器声音的词句也可以纳入称扬辞的名下，因为它们常常带有美化色彩和浓厚的感情，有称扬之意。台湾的陈美琪先生就将"仓仓恩恩"定为称扬辞[1]，甚是。又例如："其金孔吉，亦玄亦黄"（伯公父簠，《集成》4628），"中韩叔钖，元鸣孔皇（煌），其音悠悠，闻于四方"（徐子旃钟，《集成》182），等等。

六、说明铜器之功用或作器目的的语句

这个部分通常见于作器辞后、祝嘏辞前，我们分四方面来叙述。

（一）用征用行

徐中舒先生说："古代物资缺乏，虽以王侯之尊，亦不能多备器用。如有燕飨，则须自他处移来，故曰征行，曰旅。"[2] 征，行也，故"用征用行"也可作"以征以行""用征以行""用征行"等，这种辞例多流行于春秋。例如，"用征用行，用从君王"（叔邦父簠，《集成》4580），"用征用行，用䬰用鬻（煮）"（庚儿

---

[1] 陈美琪先生《西周金文字词文例研究》（中国文化大学中国文学研究所博士论文，2001 年 6 月），其观点转见于金信周先生《两周颂扬铭文及其文化研究·绪论》，第 5 页。

[2] 徐中舒：《金文嘏辞释例》，《徐中舒历史论文选辑》，中华书局，1998 年，第 507 页。

鼎,《集成》2715),"用征台(以) 逯,台(以)御賓(宾)客,子孙是若"(太史申鼎,《集成》2732),"卫姒乍(作)鬲,以从永征"(卫姒鬲,《集成》594),"虢宫父乍(作)鬲,用从永征"(虢宫父鬲,《新收》50),"卫夫人乍(作)其行鬲,用从遥征"(卫夫人鬲,《新收》1700)。

"以征以行"(曩伯子宭父盨,《集成》4442),"以征以行,用䰞(煮)用享"(叔夜鼎,《集成》2646),等等。有个别单作"用征"的,如伯臣亚罐(《集成》9974),"侯母乍(作)侯父戎壶,用征行,用求福无强(疆)"(侯母壶,《集成》9657),"佳(唯)曾白(伯)文自乍(作)氒(厥)饮罐,用征行"(曾伯文罐,《集成》9961)。

这种随主人行止而有所移动的铜器在春秋又称"行器"。在东周,行器的器名前多加"行"字,如"蔡侯申之行钟"(蔡侯纽钟,《集成》212),"冲子䲣之行鼎(鼎)"(冲子鼎,《集成》2229),"黄君孟自作行器"(黄君孟罐,《集成》9963),"曾子白(伯)誩铸行器,尔永祜福"(曾子鼎,《集成》2450),"黄子乍(作)黄甫(夫)人行器"(黄子鼎,《集成》2566),"黄君孟自乍(作)行器"(黄君孟豆,《集成》4686)。行器一般用为养器,但也可兼祭祀之用,如"唯鄝子宿车自作行盆,子子孙孙永宝用享,万年无疆"(子宿车盆,《集成》10337)。在西周,行器的器名前常加"从"字,如"扶册作从彝"(《集成》7274),"乍(作)任(妊)氏从簋"(任氏簋,《集成》3455)。"从"有跟随、随行之义,与"行"关系甚密,符合行器的特征。"从"可用于"钟"前,如"内(芮)公作从钟"(芮公钟,《集成》31),与"行"可用于"钟""戈"等非饮食器之名前类似。"从"还可作为动词使用,如"用从井(刑)侯征事"(麦方鼎,《集成》2706),"从王征行"(史免簋,《集成》4579)等,不过这种用法远不如用在器名前常见。

至于"旅",较"从"更常见于西周的铜器器名前,不过对于其意义,学界有不同意见。商周金文于有一些作器辞中兼有祭祀对象和"旅"字的,如"兽乍(作)父乙旅尊彝"(兽作父乙卣,《集成》5329),"叀乍(作)父戊宝旅彝"(叀作父戊卣,《集成》5277),"易乍(作)父辛宝旅鼎"(易鼎,《集成》2256),"倗白(伯)乍(作)毕姬宝旅鼎"(倗伯鼎,《铭图》1821),"吊(叔)姬乍(作)阳白(伯)旅鼎,永用"(叔姬鼎,《集成》2392),等等。虽然行器可兼作祭器①,但为已故者专铸行器笔者仍感难解。同时,西周也存在大量使用位于器名前的"从"来表示所作铜器为行器②,而"旅"却未见有用于钟、戈等器名前的例子。亦有将"旅"释为旅祭的,然亦非达诂。《周礼·春官》曰:"国有大故,则旅上帝及四望。"旅乃祀天地山川之大祭,为非常之祭,一般卿大夫是不能"旅"的,故《论语·八佾》说:"季氏旅于泰山。子谓冉有曰:'女弗能救与?'"特别是有些旅器明显是为生人作,如:

(1) 吊(叔)男父乍(作)为霍姬媵旅匜,其子子孙孙其万年永宝用。井。(叔男父匜,《集成》10270)

(2) 曾中(仲)自乍(作)旅盘,子子孙永宝用之。(曾仲盘,《集成》10097)

(3) 隹(唯)八月丙寅,晋姞乍(作)铸旅般(盘)匜,其

---

① 行器兼为祭器例已见前文。需要说明的是,"从"可以和"旅"连言,如"北单从旅彝"(北单从鼎,《集成》2173),而"从"与"宗"连言者亦有一例,即"麃父作妣是从宗彝䵼"(麃父卣,《集成》5348),麃父尊(《集成》5930)与之同铭。

② 查华东师范大学中国文字研究与应用中心编《金文引得》,作器辞中祭祀对象和"从"并见者有一例,"亚作父乙□宝从彝",误,当作"亚作父乙宝尊彝",见《集成》7290。

万年宝用。(晋姞盘,《铭图》14461)

(4) 隹(唯)番昶白(伯)者君用其吉金,自乍(作)旅盘,子孙永宝用之。(者君盘,《集成》10140)

(5) 隹(唯)曾子白(伯)㪇,用其吉金,自乍(作)旅盘,(其)黄耇䰳(令)冬(终),万年无强(疆),子孙永宝用亯(享)。(曾子盘,《集成》10156)

(6) 嚣白(伯)歌夷自乍(作)旅也(匜),其万年无强(疆),子子孙孙永宝用亯(享)。(嚣伯匜,《近出》1014)

(7) 䐑(膳)父吉父乍(作)旅䰳,其子子孙孙永宝用。(吉父䰳,《集成》9962)

(8) 弔(叔)姬乍(作)阳白(伯)旅鼎,永用。(叔姬鼎,《集成》2392)

(9) 唯曾子中(仲)諆,用其吉金,自乍(作)旅甗,子子孙孙其永用之。(曾子甗,《集成》943)

(10) 唯九月初吉丁亥,敶(陈)公子子弔(叔)原父乍(作)旅甗,用征用行,用馐稻(稻)汾(粱),用祈眉寿,万年无强(疆),子孙是尚(常)。(叔原父甗,《集成》947)

由上可知,"旅"绝非祭义,其性质与"宝"类似。王赞源先生据《广雅》卷一"高、享、庠、将、牧、穀、颐、陶、畜、旅、充,养也",将"旅"释为养,并说:"凡饮食之器,皆可以'旅'称之。"① 其说或是,然谓"旅""养""阴阳对转相通"则乏例证,且《广雅》成书甚晚,难以为凭。结合传世文献综合考察,旅彝中的"旅"似解为"可移动的"为佳②。

---

① 王赞源:《周金文释例》,台北文史哲出版社,1993年,第136页。
② 黄盛璋先生在《释旅彝》(载《中华文史论坛》1979年第二辑)一文中详细考察了金文和文献中"旅"的用法、含义,认为"旅彝"为"可移动之器"。

(二) 用盛稻粱、用煮用烹

"用盛稻粱""以盛稻粱""用馈稻粱""以煮以烹""用煮用烹"等，这类习语都表示铜器的具体功用，例如：

(1) 伯大师小子伯公父乍（作）簋。择之金，隹镐（鐈）隹卢。其金孔吉，亦玄亦黄。用成（盛）粠（糕）、𩚵（稻）、需（糯）、粱。我用召卿士辟王，用召诸考诸兄。用祈眉寿，多福多疆，其子子孙孙万年永宝用亯（享）。（伯公父簋，《集成》4628）

(2) 唯正月初吉丁亥，甫遽眛甚六之妻夫欧申择厥吉金，作铸食鼎。余以煮以烹，以伐四方，以达（挞）攻𢓜（吴）王。世万子孙，永宝用享。（夫欧申鼎，《近出》354）

(3) 弭中（仲）乍（作）宝簋，择之金，铈（矿）鋊镤鏽（铝），其㫒、其么（玄）、其黄，用成（盛）术（秫）稻糕粱，用卿（飨）大正，音（歆）王宾，馈俱旨飤，弭中（仲）受无强（疆）福，者（诸）友任飤俱饱，弭中（仲）畀寿。（弭仲簋，《集成》4627）

(4) 隹（唯）九月初吉丁亥，敶（陈）公子子吊（叔）原父乍（作）遊（旅）甗，用征用行，用馈𥝩（稻）汃（粱），用祈眉寿，万年无强（疆），子孙是尚（常）。（叔原父甗，《集成》947）

(5) 吊（叔）夜铸其馈鼑（鼎），以征以行，用䰜（煮）用享，用其祈眉寿无强（疆）。（叔夜鼎，《集成》2646）

(6) 隹（唯）正月初吉丁亥，郐（徐）王之子庚儿，自乍（作）飤繇，用征用行，用龢（和）用鬻（煮），眉寿无疆。（庚儿鼎，《集成》2715）

(7) 白（伯）绅乍（作）宝簋，其朝夕用盛粱稻糕，其用飤正、御𣄴（史）、佣（朋）友、尹人，其用匃（丐）眉寿万年。

62

(伯绅簠,《铭图》5100)

(8) 兽吊(叔) 奂父乍(作) 孟姞旅须(盨),用盬稻穤需(糯)粱,加(嘉)宾用卿(飨),有飤,剚(则)迈(万)人(年)无强(疆),子子孙孙永宝用。(兽叔盨,《新收》41)

(9) 史免乍(作) 旅匚(簠),从王征行,用盛稻粱,其子子孙孙,永宝用亯(享)。(史免簠,《集成》4579)

(10) 吊(叔)家父乍(作) 中(仲) 姬匚(簠),用盛稻粱,用速先后、者(诸)兄,用祈眉考(老)无强(疆),哲德不亡(忘),孙子之蘴(贶)。(叔家父簠,《铭图》5955)

(三) 表示宴飨等作器目的的语句

这类语句与追孝辞有所不同,因为追孝的对象是祖先神灵[①],而宴飨、朋友等的对象则是生者。早期宴飨的对象多是王室、诸侯僚友,后来则多是族内、族间的兄弟朋友等。例如:

(1) 唯正十月,初吉丁亥,群孙斨子璋,子璋择其吉金,自乍(作) 龢(和)钟,用匽(宴)以喜(饎),用乐父兄、者(诸)士,其眉寿无基(期),子子孙孙,永保鼓之。(子璋钟,《集成》113)

(2) 徐王子旃择其吉金,自作龢(和)钟,以敬盟祀,以乐嘉宾、倗(朋)友、诸贤,兼以父兄、庶士,以匽(宴)以喜(饎)。(徐王子旃钟,《集成》182)

(3) 用作尊鼎,用倗用友。其子子孙孙永宝用。(多友鼎,

---

① 金文亦有少数"享"、"飨"相混,或用"享孝"于生者(亦有学者认为是祭后宴飨或者铭文有省略、错动的,都有一定道理,姑付之阙如)。参陈英杰《两周金文之"追、享、乡、孝"正义》(《北方论丛》2006年第1期)、徐难于《再论西周孝道》(《中国历史博物馆馆刊》2000年第2期)、查长国《西周"孝"义试探》(《中国史研究》1993年第2期)、陈筱芳《孝德的起源及其与宗法、政治的关系》[《西南民族学院学报(哲学社会科学版)》2000年第9期]等文。

《集成》2835)

(4) 荣又（有）司禹乍（作）齐鼎鬲，用䐅嬴女黼母。①（荣有司禹鬲，《集成》679)

(5) 中（仲）大（太）师乍（作）孟姬馈鼎，用匽（宴）旨飤，开寿妥（绥）福，宜教允异。（仲大师鼎，《铭图》2196)

(6) 杕氏福及，岁贤鲜于（虞），可（何、荷）是金鉰，吾台（以）为弄壶，自颂既好，多寡不吘，吾台（以）匽（宴）饮，盱（于）我室家，罡猎母（毋）后，纂在我车。（杕氏壶，《集成》9715)

(7) 八月初吉，日唯辰。王子婴次自乍（作）䤈（和）钟，永用匽（宴）喜（饎）。（婴次钟，《集成》52)

(8) ……不（丕）义又匿，余文公之母弟，余氒静，朕（朕）配远迩。用匽（宴）乐者（诸）父兄弟，余不敢困穷，龏（恭）好朋友，氏尸（夷）仆……（文公之母弟钟，《铭图》15277)

(9) 隹（唯）正月初吉丁亥，齐鲍氏孙䱷，择其吉金，自乍（作）䤈（和）钟，卑（俾）旦彶（赴）好，用亯（享）台（以）孝于䚩（台）皇且（祖）、文考，用匽（宴）用喜（饎），用乐嘉宾，及我朋友，子子孙孙，永宝鼓之。（鲍氏钟，《集成》142)

(10) 余毕龏（恭）威（畏）忌，盠（铸）辝（台、以）䤈（和）锺（钟）二锗（堵），台（以）乐其身，台（以）匽（宴）大夫，台（以）喜（饎）者（诸）士，至于万年，分器是寺（持）。（邾公牼钟，《集成》150)

(11) 隹（唯）王正月初吉庚午，楚大（太）师登辝慎，慎独、函龏（恭），武于戎工（功），用其吉金，自乍（作）铃钟。

---

① 金文一般都在作器辞的器名前加"䐅"字来表示铜器是为媵嫁而作，不另单独行文。

龢（和）鸣且敦（皇），用匽（宴）用喜（馈），用乐庶（诸）侯及我父兄，既函既记，余保辥楚王，伥叚□，万年母（毋）改，子子孙孙永宝鼓之。（楚大师登钟乙，《铭图》15512）

（12）余毕威叓（恭）威（畏）忌，盅（淑）穆不坠于氒（厥）身，铸其龢（和）钟，台（以）恤（恤）其祭祀盟祀，台（以）乐大夫，台（以）宴士庶子，夲（慎）为之名（铭），元器其旧，哉（载）公眉寿，郳（郳）邦是保，其万年无强（疆），子子孙孙，永宝用亯（享）。（郳公华钟，《集成》245）

（13）武于戎攻（功），诲憝不飤，阑阑（简简）龢（和）钟，用匽（宴）以喜（馈），以乐者（诸）侯、嘉宾及我父兄、者（诸）士。（王孙诰钟，《新收》418）

（14）隹（唯）正月初吉丁亥，郘（许）子臣（酱）曰，择其吉金，自乍（作）铃钟，中翰且旸（扬），元鸣煌（煌），穆穆龢（和）钟，用匽（宴）以喜（馈），用乐嘉宾、大夫，及我朋友，敦（皇）敦（皇）熙熙，万年无諆（期），眉寿母（毋）已，子子孙孙，永保鼓之。（许子铺，《集成》153）

（15）乍（作）氒（厥）龢（和）钟，霝（灵）音锗锗雍雍，以匽（宴）皇公，以受大福，屯（纯）鲁多厘，大寿万年。（秦公镈，《集成》269）

我们发现尽管有少数飨、享混用的例子，但在"子子孙孙永宝用享"这种嘏辞套语中没有用飨的。另，金文宴飨之辞其实在西周早期即已出现，如"子子孙孙永宝，其万年用飨王出入"（小臣宅簋，西周昭世器，《集成》4201）、"妥（绥）多友"（麦尊，西周早期，《集成》6015）等，而"用飨公逆洀事"一类套语也多见于昭、穆时器。[①]春秋宴飨之辞则多用"用宴以馈"之

[①] 彭裕商：《西周青铜器年代综合研究》，巴蜀书社，2003年，第275页。

类的套语。"朋友"则多见于乖伯簋、康鼎、克盨等西周恭王之后的中晚期器[1]，春秋亦少见。

（四）追孝辞

古人认为灵魂不灭，人死只是到了另一世界，他们同样有各种需求，所以晚辈需"事死如事生""事亡如事存"。这反映在铜器铭文上就是追孝辞。追孝辞常用"用享用孝""用享孝""用追孝"等习语，通常省略主语，也即作器者，享孝对象则可加可不加。舒大刚先生说："'孝享'一词，浑言之都是祭祀；析言之，则'孝'乃向神行礼，'享'乃向神献物。"[2] 此种追孝辞铭文中常见，如：

（1）鈇叔、鈇姬乍（作）白媿媵簋，用享孝于其姑公，子子孙孙其万年，永宝用。（鈇叔鈇姬簋，《集成》4063）

（2）白（伯）梁其乍（作）旅盨，用享用孝，用匄（丐）眉寿、多福，畯臣天子，万年唯极，子子孙孙永宝用。（伯梁其盨，《集成》4446）

（3）部史硕父乍（作）宝尊鼎，用亯（享）孝于宗室，万年子子孙孙永宝用。（部史鼎，《铭图》2233）

（4）丼（井）姬嫦（归），亦列祖考茭公宗室，□孝祀孝祭，彊白（伯）乍（作）丼（井）姬用鼒（鼎）簋。（彊伯鼎，《集成》2676）

（5）毕白（伯）克肈乍（作）朕（朕）丕（丕）显皇且（祖）受命毕公彝彝，用追亯（享）丂（孝），子孙永宝用。（毕伯克鼎，《铭图》2273）

（6）姬彝彝。用烝用尝，用孝用亯（享）。用匄（丐）眉寿

---

[1] 彭裕商：《西周青铜器年代综合研究》，巴蜀书社，2003年，第326页。
[2] 舒大刚：《〈周易〉、金文"孝享"释义》，《周易研究》2002年第4期。

无强（疆），其万年子子孙孙永宝用。(姬鼎，《集成》2681)

（7）唯十又四月既死霸壬戌，下蠚（都）雍公缄乍（作）尊鼎，用追亯（享）丂（孝）于皇且（祖）考，用乞眉寿万年无强（疆），子子孙孙永宝用。(都公诚鼎，《集成》2753)

（8）唯九月初吉丁亥，邓公孙无嬰（忌）屎吉金，铸其□鼎，其用追孝朕（朕）皇高且（祖），余用正（征）用行，永寿无强（疆），子子孙孙永宝用之。(无忌鼎，《新收》1231)

（9）唯六年八月初吉己子（巳），史白（伯）硕父追考（孝）于皇考厘中（仲）、王（皇）女（母）泉女（母）尊鼎，用祈匃（丐）百泉（禄）、眉寿、绾绰、永令（命），万年无强（疆），子子孙孙，永宝用亯（享）。(硕父鼎，《集成》2777，如图33)

图33 硕父鼎铭文

（10）隹（唯）正月初吉丁亥，王子午择其吉金，自乍（作）𨭖彝鬻（淄、盨）鼎，用亯（享）以孝于我皇且（祖）文考，用

67

祈眉寿，弘龏（恭）默（舒）犀（迟），敃（畏）期（忌）趩趩，敬氒（厥）盟祀，永受其福。余不敃（畏）不差，惠于政德，悊于威义（仪），阑阑兽兽。命（令）尹子庚，殹（繄）民之所亟，万年无諆（期），子孙是制。（王子午鼎，《集成》2811）

早期的追孝辞表达不一，如"于有周追孝"（邢侯簋，《集成》4241），"用享将鼎氒（厥）文考鲁公"（鲁侯熙鬲，西周康世，《集成》648），"敢追明公赏于父丁"（令方彝，昭世，《集成》9901）。西周中期以后这种追孝辞逐渐流行，并逐渐形成"用追孝""用享孝""用享用孝"等比较固定的表达法。

许多用在祖先神灵名词前的动词都含有行孝、尊敬的意思，因此我们把这些词也视为追孝用语。比如，"喜侃""侃喜""喜乐"等词常用在乐钟铭文上，表示娱乐以使祖先神灵高兴（这类词往往也有用于生人的情况），相关铭文如：

（11）师丞肇乍（作）朕剌（烈）且（祖）虢季、宪公、幽叔、朕皇考德叔大林钟，用喜（饎）侃前文人，用祈屯（纯）鲁、永命，用匄（丐）眉寿无疆，师丞其万年，永宝用享。（师丞钟，《集成》141）

（12）兮中（仲）乍（作）大林钟，其用追孝于皇考己白（伯），用侃喜（饎）耑（前）文人，子子孙孙，永宝用享。（兮仲钟，《集成》65）

（13）丼（邢）吊（叔）吊（叔）采乍（作）朕文且（祖）穆公大钟，用喜（饎）乐文神人，用祈福禄寿䋣（繁）鲁，其子孙孙永日鼓乐，兹钟其永宝用。（井叔采钟，《集成》356）

（14）吊（叔）奂乍（作）宝尊簋，粦中（仲）氏迈（万）年，用侃喜（饎）百生（姓）、朋友粦（暨）子妇，子孙永宝，用夙夜亯（享）孝于宗室。（叔奂簋，《集成》4137）

（15）师寰自乍（作）朕皇且（祖）大（太）公、庸公、执公、鲁中（仲）、宪白（伯）、孝公，朕剌（烈）考……□龢

（和）钟，用喜（饎）洍（侃）歬（前）歖永命（令）义孙子……（师㝨钟，《新收》657）

（16）宗室，肆妄乍（作）龢（和）父大林钟，用追考（孝）侃歬（前）文人，歬（前）文人其严才（在）上，降余厚福无强（疆），妄其万年，子子孙孙永宝用亯（享）。（邢人妄钟，《集成》110）

（17）王易（锡）鲝（鲜）吉金，鲝（鲜）捧（拜）頴（稽）首，敢对扬天子休，用乍（作）朕（朕）皇考䚄（林）钟。用侃喜（饎）上下，用乐好宾，用祈多福，子孙永宝。（鲜钟，《集成》143）

（18）［昊］生捧（拜）手頴（稽）首，敢对扬王休，昊生用乍（作）穆公大林钟，用降多福，用喜（饎）洍（侃）歬（前）文人，用祈康䆻、屯（纯）鲁，用受……（昊生钟，《集成》105）

（19）□□□□作朕皇考吊（叔）氏宝林钟，用喜（饎）侃皇考。皇考其严才（在）上。数数䲪䲪，降余鲁多福亡（无）强（疆）。（士父钟，《集成》146）

（20）癲趉趉（桓桓）夙夕圣趯，追孝于高且（祖）辛公、文且（祖）乙公、皇考丁公龢（和）林钟，用卲（昭）各（格）喜（饎）侃乐歬（前）文人，用襟（祓）寿，匄（匃）永令（命）。（癲钟，《集成》246）

"各"为"来""至"之义，用在表示祖先神灵的名词前，表示使之来此以享受祭品和钟鼓之乐。如"用卲（昭）各（格）喜（饎）侃乐歬（前）文人"（癲钟，《集成》246），"用卲（昭）各（格）喜（饎）侃歬（前）文人"（梁其钟，《集成》190），"用追孝卲（昭）各（格）喜（饎）侃歬（前）文人"（逨钟，《新收》772），"其各前文人"（默簋，《集成》4317），等等。

七、祝嘏辞

古人制作铜器往往带有功利性目的，表现在铭文上就是在作器辞之后，往往还缀以祈福匄寿之类的祝嘏辞。求祖先神灵保佑、赐福也是作器的目的之一，但为讨论的方便，本书部分将祝嘏辞单独列于此处。如：

（1）中义乍（作）龢（和）钟，其万年永宝。（中义钟，《集成》23）

（2）陈大丧史仲高乍（作）铃钟，用祈眉寿无疆，子子孙孙永宝用之。（陈大丧史仲高钟，《集成》354）

（3）白（伯）鲜乍（作）旅簋，其永宝用。（伯鲜簋，《集成》4364）

（4）虢姜乍（作）旅鼎，永宝用。（虢姜鼎，《铭图》1839）

（5）内（芮）公乍（作）铸从鼎，永宝用。（芮公鼎，《集成》2387）

（6）白（伯）旬乍（作）尊鼎，万年永宝用。（伯旬鼎，《集成》2414）

（7）大（太）师乍（作）吊（叔）姜鼎，其永宝用。（大师鼎，《集成》2409）

（8）乙公乍（作）尊鼎（鼎），子子孙孙永宝。（乙公鼎，《集成》2376）

（9）中（仲）宦父乍（作）宝鼎，子子孙永宝用。（仲宦父鼎，《集成》2442）

（10）寺（邿）季故公乍（作）宝簋，子子孙孙永宝用亯（享）。（故公簋，《集成》3817）

（11）兮吉父乍（作）中（仲）姜宝尊簋，其万年无强（疆），子子孙孙永宝用亯（享）。（兮吉父簋，《集成》4008）

（12）蕭（膳）夫汾（梁）其乍（作）朕皇考惠中（仲）、皇母惠妣尊簋，用追言（享）孝，用匄（丐）［眉］寿，眉寿无强（疆），百字（子）千孙孙，子子孙孙，永宝用言（享）。（梁其簋，《集成》4147）

（13）公臣撵（拜）頴（稽）首，敢扬天尹不（丕）显休。用乍（作）尊簋，公臣其万年，永宝兹休。（公臣簋，《集成》4184）

（14）白（伯）鲜乍（作）旅簋，其永宝用。（伯鲜簋，《集成》4362）

（15）应侯乍（作）旅簋，其迈（万）年永宝。（应侯簋，《铭图》5539）

（16）白（伯）车父乍（作）旅簋，其万年永宝用。（伯车父簋，《集成》4382）

（17）中（仲）大（太）师子休为其旅须（簋），永宝用。（休簋，《集成》4397）

（18）虢吊（叔）乍（作）旅匦（簋），其万年永宝。（虢叔簋，《集成》4515）

（19）内（芮）公乍（作）铸宝匦（簋），子孙永宝用言（享）。（芮公簋，《集成》4531）

（20）子皇母乍（作）馈匦（簋），其万年眉寿，永宝用之。（子黄母簋，《铭图》5853）

八、叙述部分

时间、作器辞、族氏名、称扬辞和祝嘏辞之外，较长的铭文往往还有叙述部分。叙述部分可以记载册命、赏赐、约剂、征伐、训诰、律令等内容，比较自由灵活。

（一）记册命

（1）唯元年六月既望，甲戌，王在杜垦，各于大室。丼（邢）伯内右师虎即位中廷，北向。王呼内史吴曰："册命虎。"王若曰："虎，载先王既令乃祖考事，啻官司左右戏繁荆。今余唯帅型先王令，令女更乃祖考，啻官司左右戏繁荆，敬夙夜，勿废朕令。锡（赐）女赤舃，用事。"虎拜稽首，对扬天子不（丕）杯（丕）鲁休。用作朕烈考日庚尊彝，子子孙孙其永宝用。（师虎簋，《集成》4316）

（2）唯王九月丁亥，王客（格）于般宫，丼（邢）白（伯）内（入）右利，立中廷，北卿（向），王乎（呼）乍（作）命内史册命利，曰：易（赐）女（汝）赤⒡市（韨）、銮旗，用事，利撵（拜）頴（稽）首，对扬天子不（丕）显皇休，用乍（作）朕文考洌白（伯）尊鼎，利其万年子孙永宝用。（利鼎，《集成》2804）

（3）唯正月初吉庚寅，王才（在）康宫，各（格）于大室，焚（荣）白（伯）入右古，即立。王乎（呼）入（内）史尹册令（命）古。王曰：古，令（命）女（汝）乍（作）服。易（赐）女（汝）金车、旗、⒡市（韨）、幽黄（衡）。古敢对扬天子不（丕）显休，用乍（作）朕考簋，古其万年子子孙永宝用。（古鼎，《铭图》2453）

（4）唯五月初吉甲寅，王才（在）康庙，武公有（右）南宫柳即立（位）中廷，北卿（向）。王乎（呼）乍（作）册尹册令（命）柳：司六自（师）牧场大友，司羲夷场佃史（事），易（赐）女（汝）赤市（韨）、幽黄（衡）、攸（鋚）勒。柳撵（拜）頴（稽）首，对扬天子休，用乍（作）朕烈考尊鼎，其万年子子孙孙永宝用。（南宫柳鼎，《集成》2805）

（5）唯六月既生霸庚寅，王各（格）于大（太）室，司马丼（邢）白（伯）右师奎父，王乎（呼）内史驹册令（命）师奎父,易(赐)缁市(韍)、冋黄(衡)、㯱屯(纯)、戈琱胾、旗,用司乃父官、友,奎父撲(拜)頴(稽)首,对扬天子不(丕)杯(丕)鲁休,用追考(孝)于剌中(仲),用乍(作)尊鼎,用匄(丐)眉寿、黄耇、吉康,师奎父其万年,子子孙永宝用。(师奎父鼎,《集成》2813)

(6)唯十又(有)七年十又(有)二月既生霸(魄)乙卯,王才(在)周康宫偩(夷)宫,旦,王各(格)大(太)室,即立(位)。司土毛叔右此入门,立中廷。王乎(呼)史翏册令(命)此曰:"旅邑人、蕭(膳)夫,易(赐)女(汝)玄衣、㯱屯(纯)、赤市(韍)、朱黄(衡)、銮旂(旗)。"此敢对扬天子不(丕)显休令(命),用乍(作)朕皇考癸公尊鼎,用亯(享)孝于文申(神),用匄(丐)眉寿。此其万年无强(疆),畯臣天子霝(令)冬(终)。子子孙孙永宝用。(此鼎甲,《集成》2821)

(7)唯四月初吉,王才(在)周,各(格)大(太)室,即,丼(邢)白(伯)入召。王乎(呼)内史册令(命)召,曰:易(赐)女(汝)幺(玄)衣、㴱屯(纯)、载市(韍)、幽黄(衡)、金膺。曰:用事。召頴(稽)首,对扬王休,用乍(作)文考日癸尊簋。(召簋,《铭图》5230)

(8)唯王二月既生霸丁丑,王才(在)周新宫,王各(格)大(太)室,即立(位)。士戍右殷立中廷,北卿(向),王乎(呼)内史音令(命)殷:"易(赐)市(韍)、朱黄(衡)。"王若曰:"殷,令(命)女(汝)更乃且(祖)考友司东啚(鄙)五邑。"殷撲(拜)頴(稽)首,敢对扬天子休,用乍(作)宝簋,其万年宝用,孙孙子子其永宝。(殷簋,《铭图》5305)

(二)记赏赐

(1)孟狌父休于孟员,易(赐)金十朋。孟员㲋用乍(作)氒(厥)宝旅彝。(孟员鼎,《新收》697)

(2)王易(赐)小臣告(缶)湡积五年,缶用乍(作)亯

(享)大(太)子乙家祀尊。(小臣缶鼎,《集成》2653)

(3)辛子(巳),王酓(饮)多亚。耶宫(享)京。迺易(赐)贝二朋,用作大(太)子丁。耶须。(耶簋,《集成》3975)

(4)唯六月初吉丁子(巳),王才奠(在郑),蔑大历。易(赐)旨(犅)羊(驿)犁(犅),曰:用啻(禘)于乃考。大捧(拜)頴(稽)首,对扬王休,用乍(作)朕皇考大中(仲)尊簋。(大簋,《商周青铜器铭文选》)

(5)佳(唯)六月初吉,辰才(在)辛卯,侯各(格)于耳窬,侯休于耳,易(赐)臣十家。岢(微)师耳对扬侯休,肆(肇)乍(作)京公宝尊彝,京公孙子宝,侯万年寿考黄耉,耳曰受休。(耳尊,《集成》6007,如图34所示)

图34 耳尊铭文

(三)记约剂

(1)唯三年三月既生霸,壬寅,王禹(称)旗于丰,矩伯庶人取瑾璋于裘卫，才八十朋。厥贾：其舍田四十田。矩或取赤虎两、麀䭖两、贲韐一，才廿朋，其舍田三田。裘卫乃彘告于伯邑父、荣伯、定伯、𤔲伯、单伯。伯邑父、荣伯、定伯、𤔲伯、单伯乃令三有司：司徒微邑、司马单旟、司空邑人服，眔受田㽙𦥑，卫小子𦔐逆者其飨。卫用作朕文考惠孟宝彝。卫其万年永宝用。（三年卫盉，《集成》9456）

（2）乞誓曰：余某［无］弗禹公命，余自无，则鞭身。第传出报乎（厥）誓，曰：余既曰，余禹（称）公命，襄（曩）余亦改朕辞，出弃。对公命，用乍（作）宝般（盘）盉，孙子子其迈（万）年用。（第传盉，《铭图》14795）

（四）记征伐

（1）唯王五月初吉丁未，子犯佑晋公左右，来复其邦。诸楚荆不听命于王所，子犯及晋公率西之六师博（搏）伐荆楚，孔休。大工（攻）荆楚，丧厥师，灭厥夬。子犯佑晋公左右，燮诸侯，得朝王，克奠王位。王易（赐）子犯辂车、四马、衣裳、黼市（韨）、佩。诸侯羞元金于子犯之所，用为和钟九堵。孔淑且硕，乃和且鸣。用宴用宁，用盲（享）用孝，用祈眉寿，万年无疆，子子孙孙永宝用乐。（子犯编钟，《近出》10）

（2）隹（唯）周公征于伐东尸（夷），丰白（伯）、尃（薄）古（姑）咸𢦏，公归禩于周庙，戊辰，酓（饮）秦酓（饮），公赏塱贝百朋，用乍（作）尊鼎。（塱鼎，《集成》2739）

（3）唯王五月初吉丁亥，周白（伯）边及中（仲）偯（催）父伐南淮尸（夷），孚（俘）金，用乍（作）宝鼎，其万年子子孙孙永宝用。（仲偯父鼎，《集成》2734）

（4）隹（唯）南尸（夷）丰（？）敢乍（作）非良，广伐南国。王令（命）应侯见工曰：政（征）伐丰（？）。我□令（命）扑伐南尸（夷）丰（？），我多孚（俘）戎，余用乍（作）朕烈考武侯尊鼎，用祈眉寿永令（命），子子孙孙其永宝用盲（享）。

(应侯见工簋,《新收》1456)

（5）隹（唯）十又一月，丼（邢）吊（叔）来麦，乃蔑霸白（伯）历，事（使）伐，用帱二百，丹二粮（量），虎皮一。霸白（伯）撵（拜）頢（稽）首，对扬丼（邢）吊（叔）休，用乍（作）宝簋，其万年子子孙孙其永宝用。(霸伯簋,《铭图》5220)

（五）记训诰

唯王初迁，宅于成周，复禀武王礼福自天。在四月丙戌，王诰宗小子于京室曰："昔在尔考公氏，克弼文王，肆文王受兹大命。唯武王既克大邑商，则廷告于天曰：'余其宅兹中国，自兹乂民。'呜呼！尔有唯小子，无识视于公氏，有惄于天，彻命敬享哉？惠王恭德，欲天训我不敏。"王咸诰，何赐贝卅朋，用作囗公宝尊彝，唯王五祀。(何尊,《集成》6014)

（六）记律令

唯五年三月既死霸，庚寅，王初各（格）伐狁狁于罿虘，兮甲从王。折首执讯，休亡（无）畋（愍）。王赐兮甲马四匹、驹车。王令甲政司成周四方责，至于南淮夷。淮夷旧我員晦人，毋敢不出其帛其责。其进人、其贾，毋敢不即帛即市，敢不用令，则即井扑伐。其唯我诸侯百姓，厥贾毋不即市，毋敢或入宄贾，则亦井。兮伯吉父作盘，其眉寿万年无疆，子子孙孙永宝用。(兮甲盘,《集成》10174)

此外，有些金文还可能记有事情发生的地点，在结尾缀以数字组成的卦画[①]，但并不常见，且与铭文关系不大，故不论。

---

① 张政烺：《试释周初青铜器铭文中的易卦》，《考古学报》1980年第4期。

第二章 祝嘏铭文篇式研究

祝嘏辞通常要与铭文的其他部分连缀起来方能成篇。我们把以祈介祝嘏为主要内容或目的的成篇铭文称为祝嘏铭文,以与作为铭文部分的祝嘏辞相区别。古人作器、铸刻铭文都有功利性目的,因此我们将所有含有祝嘏辞的铭文都纳入考察的范围。

角度不同,祝嘏铭文分类情况也会有异。由于前文已将铜器祝嘏铭文大致分为八个部分,各部分位置也大体固定,因此这里仅就祝嘏铭文包含哪些部分和内容来分别讨论。而族徽常在铭文末尾,似游离于铭文之外,可随意增省,故亦不作为分类的依据。下面我们就祝嘏铭文的篇式做一简要探讨。

一、只有祝嘏辞的铭文

有些铭文只有祝嘏辞等语句,没有其他内容,如:

(1) 永宝用。(永宝用钟,《集成》4)

(2) 永宝兹钟。(永宝兹钟,《文物》1994 年第 1 期)

(3) 福无强(疆),㫚其万年,子子孙孙永宝。(㫚钟,《集成》35)

(4) 朕皇考叔旅鱼父降多福无强(疆)。(叔旅鱼父钟,《集成》39)

(5) 年无强(疆),龕(恭)事朕辟皇王,眉寿永宝。(眉

寿钟，《集成》40）

（6）侃先王，先王其严在帝左右，敱狄不恭，數數熊熊，降[余多福无强（疆）]。（敱狄钟，《集成》49）

（7）受（授）余通录（禄）、庚（康）夒、屯（纯）右（佑），广启朕身，勖于永令（命），用寓光我家，受☐。（通录钟，《集成》64）

由以上几辞可以发现，这些铭文多铸刻在钟一类的乐器上，而且有些铭文明显缺失上下文，我们怀疑此类铜器是成套乐器中的一件。因此这类铭文当非我们所讨论的祝嘏铭文的一种类型，为了说明相关问题，兹附于此。

二、由作器辞和祝嘏辞组成的祝嘏铭文

这是最常见的祝嘏铭文类型之一，短则数字，多则几十字。其他祝嘏铭文类型大都是在此基础上增添内容而成。此种形式的祝嘏铭文如：

（1）史颂乍（作）簠，永宝。（史颂簠，《集成》4481）

（2）吊（叔）姬乍（作）阳白（伯）旅鼎，永用。（叔姬作阳伯鼎，《集成》2392）

（3）鲁姬作尊鬲，永宝用。（鲁姬鬲，《集成》593）

（4）冷叔之行贞（鼎），永用之。（冷叔之行鼎，《集成》2355）

（5）倗卣（作）厥考宝尊彝，用万年事。（倗卣，《集成》5366）

（6）中义乍（作）和钟，其万年永宝。（中义钟，《集成》23）

（7）内（芮）公乍（作）从钟，子孙永宝用。（芮公钟，《集

第二章　祝嘏铭文篇式研究

成》31)

（8）铸侯求作季姜朕（媵）钟，其子子孙孙永享用之。（铸侯求钟，《集成》47)

（9）昶仲无龙作宝鬲，其子子孙孙永宝用享。（昶仲鬲，《集成》714)

（10）兴作协钟，万年日鼓。（兴钟，《集成》257)

（11）曾子白（伯）誩铸行器，尔永祜福。（曾子伯誩鼎，《集成》2450)

（12）辛中姬皇母作尊鼎，其子子孙孙用享孝于宗老。（辛中姬皇母鼎，《集成》2582)

（13）吕伯作厥宫室宝尊彝簋，大牢其万年祀厥祖考。（吕伯簋，《集成》3979)

（14）唯宿綝子宿车作行鼎，子孙永宝，万年无强（疆），自用。（綝子宿车鼎，《集成》2603)

（15）邿翔伯作此嬴尊鼎，其万年眉寿无强（疆），子子孙孙永宝用。（邿伯鼎，《集成》2640)

（16）王子剌公之宗妇郜嫛，为宗彝蕭彝，永宝用，以降大福，保辥郜国。（宗妇郜嫛鼎，《集成》2683)

（17）蕭（善）夫白（伯）辛父乍（作）尊鼎，其万年子字孙永宝用。（伯辛父鼎，《集成》2561)

（18）隹（唯）番昶白（伯）者尹（君）乍（作）宝鼎，其万年子孙永宝用，尹。（者君鼎，《集成》2617)

（19）白（伯）乍（作）宝簋，子子孙孙永宝用。（伯簋，《集成》3690)

（20）毅乍（作）宝簋，子子孙孙永用。（毅簋，《集成》3681)

（21）孟肃父乍（作）宝簋，其永用。（孟肃父簋，《集成》

· 79 ·

3704）

（22）吊（叔）㠯父乍（作）宝簋，子子孙孙其万年用。（叔㠯父簋，《集成》3764）

（23）中（仲）𠂤（师）父乍（作）好旅簋，其用万年。（仲𠂤父簋，《集成》3754）

（24）晋人事寓乍（作）宝簋，其孙子永宝。（晋人簋，《集成》3771）

（25）兮中（仲）乍（作）宝簋，其万年子子孙孙永宝用。（兮仲簋，《集成》3814）

三、时间＋作器辞＋祝嘏辞

此类铜器铭文的时间称谓基本出现在铭文句首，其格式主要"月份＋干支""月份＋月相词语＋干支""月份＋月相词语"等。相关辞例如：

（1）唯正月初吉丁亥，楚王媵卬仲发妳南和钟，其眉寿无强（疆），子孙永宝用之。（楚王钟，《集成》72）

（2）唯五月庚申，吊（叔）液自作馐（馈）鼎，用祈眉寿万年无疆，永寿用之。（叔液鼎，《集成》2669）

（3）唯九月初吉庚寅，师趛作文考圣公、文母圣姬尊鬲，其万年子孙永宝用。（师趛鬲，《集成》745）

（4）唯正月初吉丁亥，蔡大师腆媵许叔姬可母飤繁，用祈眉寿，万年无疆，子子孙孙永宝用之。（蔡大师鼎，《集成》2738）

（5）唯王正月，既死霸乙卯，官夺父作义友宝簋，孙孙子子永宝用。（官夺父簋，《集成》4032）

（6）唯王八月丁亥，齐大宰归父𪰔为忌沫盘，台（以）祈

眉寿，鲁命难老。(齐大宰归父盘，《集成》10151)

(7) 八月初吉，日唯辰，王子婴次自作鮴(和)钟，永用匽(宴)喜(饎)。(王子婴次钟，《集成》52)

(8) 唯十月，是娄乍(作)文考宝簋，其子孙永宝用。(是娄簋，《集成》3910)

(9) 唯王正月，中(仲)夷父乍(作)饎(馈)簋，其万年子子孙孙永宝用。(仲夷父簋，《集成》3956)

(10) 唯三月初吉，格白(伯)乍(作)晋(晋)姬宝簋，子子孙孙其永宝用。(格伯簋，《集成》3952)

(11) 唯二月戊寅，白(伯)庶父乍(作)王姑凡姜尊簋，其永宝用。(伯庶父簋，《集成》3983)

(12) 唯十又一月既生霸庚戌，奠(郑)虢中(仲)乍(作)宝簋，子子孙孙彶永用。(征虢仲簋，《集成》4026)

(13) 唯十又二月初吉，白(伯)吉父乍(作)毁尊簋，其万年子子孙孙永宝用。(伯吉父簋，《集成》4035)

(14) 唯正月初吉丁亥，瞅(陈)侯乍(作)孟姜𥃝媵匜(簋)，用祈眉寿，万年无强(疆)，永寿用之。(陈侯簋，《集成》4607)

(15) 唯正月初吉，侪孙殷毁乍(作)沬盘，子子孙孙永寿之。(殷毁盘，《集成》10127)

四、作器辞＋表作器功用、目的的语句＋祝嘏辞

(1) 尌仲作甗，用征用行，子子孙孙永宝用。(尌仲甗，《集成》933)

(2) 叔夜铸其饎(馈)鼎，以征以行，用𨟁(煮)用烹，用祈眉寿无疆。(叔夜鼎，《集成》2646)

· 81 ·

（3）虢宣公子白作尊鼎，用卲（昭）享于皇祖考，用［祈眉寿］，子子孙孙，永用为宝。（虢宣公子白鼎，《集成》2637）

（4）毛公旅鼎亦唯簋，我用饮厚眔我友，䵼用友（侑），亦引唯考，肆毋弗虩，是用寿考。（毛公旅方鼎，《集成》2724）

（5）宁肇其作乙考尊簋，其用各百神，用妥（绥）多福，世孙子宝。（宁簋盖，《集成》4021）

（6）琱我父作交尊簋，用亯（享）于皇祖、文考，用易（赐）眉寿，子子孙孙永宝用。（琱伐父簋，《集成》4050）

（7）孟姬脂自乍（作）䉽（馈）簋，其用追考（孝）于其辟君武公，孟姬其子孙永宝。（孟姬脂簋，《集成》4072）

（8）隹（唯）邿正二月，邿公敄人自乍（作）奏钟，用追孝于氒（厥）皇且（祖）哀公、皇考晨公，用祈眉寿，万年无强（疆），子子孙孙，永宝用之。（邿公钟，《集成》59）

（9）兮中（仲）乍（作）大林钟，其用追孝于皇考己白（伯），用侃喜（馈）㝬（前）文人，子孙永宝用享。（兮仲钟，《集成》67）

（10）陆融之孙邾公钰乍（作）氒（厥）禾（和）钟，用敬恤（恤）盟祀，旂（祈）年眉寿，用乐我嘉宾，及我正卿，扬君霝（灵），君以万年。（邾公钟，《集成》102）

（11）□□□□作朕皇考吊（叔）氏宝林钟，用喜（馈）侃皇考。皇考其严才（在）上。數數㝬㝬，降余鲁多福亡（无）强（疆）。隹（唯）康右（佑）屯（纯）鲁，用广启士父身，勪于永命。士父其眔□□万年，子子孙孙永宝用亯（享）于宗。（士父钟，《集成》146）

（12）余义楚之良臣，而乘之字（慈）父，余購乘儿，得吉金镈铝，台（以）铸䤿（和）钟，台（以）追考（孝）先且（祖），乐我父兄，饮飤诃（歌）舞，孙孙用之，后民是语（娱）。

(仆儿钟，《集成》183)

（13）克敢对扬天子休，用乍（作）朕皇且（祖）考白（伯）宝林钟，用匄（丐）屯（纯）叚（嘏）、永令（命），克其万年，子子孙孙永宝。(克钟，《集成》207)

（14）丼（邢）吊（叔）吊（叔）采乍（作）朕文且（祖）穆公大钟，用喜（憘）乐文神人，用祈福禄寿鯀鲁，其子孙孙永日鼓乐，兹钟，其永宝用。(井叔采钟，《集成》357)

（15）隹（唯）六月初吉，师汤父有司中（仲）枏父乍（作）宝鬲，用敢卿（饗）考（孝）于皇且（祖）丂（考），用祈眉寿，其万年子子孙孙其永宝用。(仲枏父鬲，《集成》750)

五、时间＋作器辞＋表作器功用、目的的语句＋祝嘏辞

（1）隹（唯）九月初吉丁亥，敶（陈）公子子吊（叔）原父乍（作）遊（旅）甗，用征用行，用馈稻（稻）汸（粱），用祈眉寿，万年无强（疆），子孙是尚（常）。(陈公子叔原父甗，《集成》947)

（2）隹（唯）六月初吉，师汤父有司中（仲）枏父乍（作）宝鬲，用敢卿（饗）考（孝）于皇皇且（祖）丂（考），用祈眉寿，其万年子子孙孙其永宝用。(仲枏父鬲，《集成》748)

（3）唯正月初吉庚午，伯鲜作旅鼎，用享孝于文祖，子子孙永宝用。(伯鲜鼎，《集成》2664)

（4）国差立事岁，咸丁亥，攻师䁂铸西墉宝鐱斯秉，用实旨酒，侯氏受福眉寿，卑旨卑清，侯氏毋咎毋痟，齐邦鼏静安宁，子子孙孙，永宝用之。(国差鐱，《集成》10361)

（5）隹（唯）正月初吉庚午，筥吊（叔）之中（仲）子平，

自乍(作)铸其游鍊(钟),幺(玄)镠鋚铝,乃为之音,哉哉雍雍,闻于顶东,中(仲)平蘸(善)玫(发)祖考,铸其游鍊(钟),以泺(乐)其大西(酉),圣智尃(恭)哴(良),其受此眉寿,万年无諆(期),子子孙孙,永保用之。(仲子平钟,《集成》178)

(6)唯九月初吉庚寅,师赵乍(作)文考圣公,文母圣姬尊烹。其万年子孙永宝用。攴。(师赵簋,《集城》4429)

(7)唯五月庚申,吊(叔)液自乍(作)饆(馈)鼎,用祈眉寿万年无强(疆),永寿用之。(叔液鼎,《集成》2669)

(8)唯十又四月既死霸壬戌,下蠚(鄀)雍公鋮乍(作)尊鼎,用追言(享)兮(孝)于皇且(祖)考,用乞眉寿万年无强(疆),子子孙孙永宝用。(鄀公诚鼎,《集成》2753)

(9)唯五月初吉壬申,汈(梁)其乍(作)尊鼎,用言(享)考(孝)于皇且(祖)考,用祈多福,眉寿无强(疆),畯臣天[子],其百子千孙,其万年无强(疆),其子子孙孙永宝用。(梁其鼎,《集成》2768)

(10)唯鄀八月初吉癸未,鄀公平侯自乍(作)尊盂,用追孝于岙(厥)皇且(祖)振公,于岙(厥)皇考犀盂公,用赐眉寿,万年无强(疆),子子孙孙永宝用言(享)。(鄀公鼎,《集成》2772)

六、作器的取材+作器辞+祝嘏辞

和作器取材有关的铭文内容一般来说位于作器辞前,但亦有部分位于作器辞后,如弭仲簋(《集成》4627)、伯功父簠(《集成》4628)等,这里主要就与作器取材有关的铭文位于作器辞前的情况做一探讨,例如下:

（1）唯🔲用吉金，自作宝甗，至子子孙孙，其永用享。（🔲作宝甗，《集成》934）

（2）唯曾子中（仲）諫，用其吉金，自乍（作）旅甗，子子孙孙，其永用之。（曾子仲諫甗，《集成》943）

（3）邕子良人择其吉金，自作飤甗，其万年无疆，其子子孙永［寿用之］。（邕子良人甗，《集成》945）

（4）🔲偖生🔲🔲用吉金，作宝鼎，其万年子子孙孙永宝用享。（偖生鼎，《集成》2632）

（5）嘉仲者比用其吉金，自作盉，子子孙孙其永用之。（嘉仲盉，《集成》9446）

（6）隹（唯）曾子中（仲）諫用其吉金，自乍（作）薦彝，子子孙孙其永用之。（曾子鼎，《集成》2620）

（7）廊季之白（伯）归墓，用其吉金，自乍（作）宝鼎，子子孙永宝用之。（伯归鼎，《集成》2644）

（8）楚吊（叔）之孙倗，择其吉金，自乍（作）浴□，眉寿无諆（期），永保用之。（倗鼎，《近出》341）

（9）申公之孙彭子射儿择其吉金自乍（作）飤盂，眉寿无期，永保用之。（彭子射鼎，《铭图》2264）

（10）鄂公白（伯）韭用吉金，用乍（作）宝簠，子子孙孙永用亯（享），万年无强（疆）。（鄂公伯韭簠，《集成》4016）

（11）唯白（伯）家父郘乃用吉金，自乍（作）宝簠，用亯（享）于其皇祖、文考，用易（赐）害（匄）眉寿，黄耇、霝（令）冬（终）、万年，子孙永宝用亯（享）。（伯家父簠，《集成》4156）

（12）隹（唯）羌中（仲）旡择其吉金，用自乍（作）宝簠，其子子孙孙永宝用亯（享）。（羌仲旡簠，《集成》4578）

（13）曾大（太）保𪊨吊（叔）亟，用其吉金，自乍（作）

旅盆，子子孙孙永用之。（曾太宝盆，《集成》10336）

（14）复公中（仲）择其吉金，用乍（作）乡（饗）壶，其易（赐）公子孙，迈（万）寿用之。（复公仲壶，《集成》9681）

（15）隹（唯）番昶白（伯）者君用其吉金，自乍（作）旅盘，子孙永宝用之。（者君盘，《集成》10140）

七、时间＋作器的取材＋作器辞＋祝嘏辞

此种格式的铭文与上述第六种情况相比，区别仅在铭文开首部分有表示时间的词语。此种形式的祝嘏铭文多次出现于铜器钟，相关辞例如下：

（1）唯正月初吉丁亥，王孙寿择其吉金，自作飤甗，其眉寿无疆，万年无期，子子孙孙永保用之。（王孙寿甗，《集成》946）

（2）唯正八月初吉壬申，苏公之孙宽儿择其吉金，自作飤繁，眉寿无期，永保用之。（宽儿鼎，《集成》2722）

（3）唯正月初吉丁亥，孟䐉姬择其吉金，自作浴缶，永保用之。（孟䐉姬缶，《集成》10005）

（4）隹（唯）正月初吉乙亥，毕孙牁（何）次，择其吉金，自乍（作）䉛（馈）𠤎（簠），其眉寿万年无强（疆），子子孙孙，永保用之。（何次簠，《近出》533）

（5）隹（唯）王正月初吉丁亥，䛑（许）公买择氒（厥）吉金，自乍（作）飤𠤎（簠），以祈眉寿，永命无强（疆），子子孙孙，永宝用之。（许公买簠，《集成》4617）

（6）隹（唯）王正月初吉丁亥，阳芈子扬择其吉金，自乍（作）飤繁，其眉寿无疆，永保用。（扬鼎，《铭图》2319）

（7）隹（唯）正月初吉丁亥，王子㞷择其吉金，自乍（作）飤鼾，其眉寿无諆（期），子子孙孙永保用之。（王子㞷鼎，《集

成》2717)

（8）隹（唯）王五月士（吉）日庚申，曾侯窑择其吉金，自乍（作）飤簋，永用之。（曾侯簋，《铭图》4976)

（9）隹（唯）正月初吉丁亥，中（仲）改卫用其吉金，自乍（作）旅□，子子孙孙永宝。（仲改簋，《新收》399)

（10）隹（唯）正月初吉丁亥，孙吊（叔）左择其吉金，自乍（作）䥯（馈）匜（簋），其万年，眉寿无强（疆），子子孙孙，永宝用之。（孙叔左簋，《集成》4619)

八、作器的取材＋作器辞＋表作器功用、目的的语句＋祝嘏辞

（1）徐王糧用其良金，铸其䥯（馈）鼎，用莱暨腊，用雍宾客，子子孙孙，世世是若。（徐王糧鼎，《集成》2675)

（2）唯白（伯）家父部乃用吉金，自乍（作）宝簋，用言（享）于其皇祖、文考，用易（赐）害（匄）眉寿、黄耇、霝（令）冬（终）、万年，子孙永宝用言（享）。（伯家父簋盖，《集成》4156)

（3）上曾大（太）子般殷，乃择吉金，自乍（作）䉅彝，心圣若虑，哀哀利锥，用考（孝）用言（享），既穌（和）无测，父母嘉寺（持），多用旨食。（般殷鼎，《集成》2750)

（4）唯食生徒（走）马谷自乍（作）吉金用尊簋，用易（赐）其眉寿，万年子孙永宝用言（享）。（走马谷簋，《集成》4095)

（5）唯曾白（伯）陭乃用吉金镐（鉴），用自乍（作）醴壶，用卿（飨）宾客，为德无叚（瑕），用孝用言（享），用肠（赐）眉寿，子子孙孙，永受大福无强（疆）。（曾伯陭壶，《集成》9712)

九、时间＋作器的取材＋作器辞＋表作器功用、目的的语句＋祝嘏辞

（1）唯正月初吉丁亥，许子妆择其吉金，用铸其簠，用媵孟姜、秦嬴，其子子孙孙永保用之。（许子妆簠，《集成》4616）

（2）唯王六月初吉壬午，郘叔之白□友择氒（厥）吉金，用铸其和钟，以乍（祚）其皇且（祖）皇考，用祈眉寿无强（疆），子子孙孙永保用享。（郘叔之伯钟，《集成》87）

（3）唯正十月，初吉丁亥，群孙斨子璋，子璋择其吉金，自乍（作）龢（和）钟，用匽（宴）以喜（禧），用乐父兄、者（诸）士，其眉寿无基（期），子子孙孙永宝鼓之。（子璋钟，《集成》113）

（4）唯正月甫（仲）春，吉日丁亥，戉（越）王者旨于赐择厥吉金，自祝（铸）和联翟，以乐可康，嘉而宾客，甸甸以鼓之，凤暮不忒，顺余子孙，万世亡（无）强（疆），用之勿相（爽）。（越王者旨于赐钟，《集成》144）

（5）隹（唯）六月壬申，王孙吊（叔）□择其吉金，乍（作）铸献（巘），以征以行，以糦稻粱，以飤父兄，其眉寿无强（疆），子孙永宝用富（享）。（王孙巘，《铭图》3362）

（6）隹（唯）正月初吉丁亥，王子午择其吉金，自乍（作）萦彝䵼（淄、盨）鼎，用宣（享）以孝于我皇且（祖）文考，用祈眉寿弘龏（恭）歖（舒）犀（迟），敞（畏）期（忌）趩趩，敬氒（厥）盟祀，永受其福。（王子午鼎，《集成》2811）

（7）隹（唯）十月初吉庚午，吊（叔）朕择其吉金，自乍（作）荐簠。以歆稻粱，万年无强（疆），吊（叔）朕眉寿，子子孙孙，永宝用之。（叔朕簠，《集成》4620）

十、带有称扬辞的祝嘏铭文

为了论述方便，此处所指的带有称扬辞的铭文，不包含有称扬祖先功德或其他叙事内容的铭文。我们把这种带有称扬辞的祝嘏铭文分三种情况讨论：

第一，含有作器取材的铭文（也常带有称美材料的词句）。如"白大师小子白公父作簠。择之金，隹（唯）镴（鉴）隹（唯）卢。其金孔吉，亦玄亦黄"（伯公父簠，《集成》4628），"邾公牼择厥吉金，玄镠肤吕，自作和钟"（邾公牼钟，《集成》149），"吴王光择其吉金，玄矿白矿，台（以）作叔姬寺吁宗彝荐鉴"（吴王光鉴，《集成》10298），"用其良金，自作其元戈"（嚣仲之子伯□戈，《集成》11400）等。整篇铭文在形式上表现为"（时间）+作器的取材和称扬辞+作器辞+（表作器功用、目的的语句）+祝嘏辞"，作器的取材和称扬辞部分或者位于作器辞后。

第二，含有称扬乐器的铭文。如果所作铜器为乐器，则作器辞后间或有称美乐器的词句，甚至乐器名前即带有美称，如"和""协"等。于是，在整体上铭文形式就表现为"（时间）+（作器的取材+称美材料的词句）+作器辞+称美乐器或乐音的词句+（表作器功用、目的的语句）+祝嘏辞"，相关辞例如下：

（1）隹（唯）十月初吉丁亥，虢季作为蘇钟，其音鸿雒，用乂其家，用与其邦，虢季作宝，用享追孝于其皇考，用祈万寿，用乐用享，季氏受福无疆。（虢季钟，《新收》3）

（2）隹（唯）正月初吉丁亥，鄦（许）子妝（酱）自（师），择其吉金，自乍（作）铃钟，中翰且旟（扬），元鸣孔煌（煌），穆穆龢（和）钟，用匽（宴）以喜（禧），用乐嘉宾、大夫，及

· 89 ·

我朋友，敦（皇）敦（皇）熙熙，万年无諆（期），眉寿母（毋）已，子子孙孙，永保鼓之。（许子妝臼镈，《集成》153）

（3）唯正月初吉庚午，簠叔之仲子平自乍（作）铸游钟，玄镠鋚铝，乃为之音，戢戢雍雍，闻于顶东，仲平善歔㲃考，铸其游钟，以乐其大酉，圣智㝬（恭）㫃，其受此眉寿，万年无諆，子子孙孙永保用之。（簠叔之仲子平钟，《集成》172）

其实，其他铜器名前加"宝"也是如此，偶尔也有加"祥"等词的，如"以作厥元配季姜之祥器，铸兹宝簠"（陈逆簠，战国早期，《集成》4629）。

（三）含有自赞内容的祝嘏铭文

自赞内容可以在时间之后，作器辞前，可以在作器辞和表作器功用、目的的语句之后。

祝嘏辞前的铭文，也可以分成几部分，与表作器功用、目的的语句和祝嘏辞交互成文，相关辞例如：

（1）唯正月吉日初庚，徐𢑑尹䚄自作汤鼎，盄良圣每（敏），余敢敬明（盟）祀，叶津涂俗，以知恤諹，寿躬毅子，眉寿无期，永保用之。（徐𢑑尹䚄鼎，《集成》2766）

（2）唯正月初吉丁亥，王子午择其吉金，自乍（作）䵼彝鎰鼎，用享以孝于我皇且（祖）文考，用祈眉寿，盄（弘）恭鈇（舒）屖（迟），畏忌趩趩，敬𠭯（厥）盟祀，永受其福。余不畏不差，惠于政德，淑于威仪，阑阑兽兽。命（令）尹子庚，殹民之所亟，万年无期，子孙是制。（王子午鼎，《集成》2811）

（3）唯正月初吉乙亥，郘公华择厥吉金，玄镠赤鏞，用铸厥和钟，以祔其皇祖皇考，曰：余毕恭畏忌，淑穆不坠于厥身，铸其和钟，台（以）恤其祭祀盟祀，台（以）乐大夫，台（以）宴士庶子，慎为之名，元器其旧，哉公眉寿，郘邦是保，其万年

90

无疆,子子孙孙,永保用享。(郏公华钟,《集成》245)

十一、特殊的祝嘏铭文

有些铭文以祝告的口吻叙述,典型的例子如"祖日庚,乃孙作宝簋,用世享孝,其子子孙其永宝用"(祖日庚簋,《集成》3992)、"复公仲若我曰:其择吉金,用作我子孟嬬寝小尊媵簋,其万年永寿,用狃万邦"(复公仲簋,《集成》4128),我们认为这是特殊的祝嘏铭文,前者省略了"作器者曰",带"曰"则强调了祝祷的性质。

前文已言,一些专铸的追孝铭文也常带有"作器者曰"字样,其内容往往先述周王和自己祖考的功德,然后是自己的效法、自赞,最后是作器和祝嘏之辞。"作器者曰"后面的内容显然是对祖先神灵讲的,如它簋盖(《集成》4330),在"它曰"后就表明"拜稽首,敢邵(昭)告朕吾考"。其实,没有"作器者曰",铸刻那些话也是要祖考知晓的。或者我们可以认为上面所说的特殊祝嘏铭文其实就是这种带"作器者曰"的追孝铭文的简省形式,反之,追孝铭文也可说是祝嘏铭文,只是角度不同而已。

十二、含有叙述部分和祝嘏辞的铭文

也有不少铭文带有较多叙述部分,或为铭功纪赏,或为追思祖先,等等,这些铭文虽多带有祝嘏辞,却不宜径看作祝嘏铭文。我们把专铸的追孝铭文或颂扬铭文也放在这里讨论。

(一)专铸的追孝铭文或颂扬铭文

一般情况下,这种铭文多为"(时间)+(作器者曰)+称扬内容＋后孙的效法遵行＋册命、赏赐＋拜稽首、对扬＋作器辞＋（表作器功用、目的的语句）＋祝嘏辞"的格式，如虢叔旅钟（《集成》238）、兴钟（《集成》250）、戎生编钟（《近出》27－34）等。具体到某些铭文则会有些许变化，如秦公镈（《集成》267）有自赞内容，"曰"两见；南宫乎钟（《集成》181）作器辞两见，但表述有异，"稽首""对扬"这样的套语则在祝嘏辞后。

（二）带祝嘏辞的册命、赏赐铭文

册命在穆王以后逐渐形成一套完备、固定的典礼仪式，所谓"藏礼于器"，这在青铜器铭文中也有反映。据马承源先生研究[①]，册命铭文的格式主要为"时间＋地点＋受册命者＋册命辞＋称扬辞＋作器＋祝愿辞"，西周晚期完整的册命铭文则还包括记录王位、授册、宣命、受册、返纳瑾璋于王等部分。这里的祝愿辞即我们所说的祝嘏辞。

有一些带祝嘏辞的铭文，其叙述部分主要记载赏赐，有的还会对赏赐背景加以简单的说明，其格式主要是"时间＋地点＋赏赐经过＋称扬辞＋作器辞＋表作器的功用、目的的语句＋祝嘏辞"。例如：

（1）唯三月初吉甲寅，王在和宫，大矢始赐友曰𩰬，王在华宫□，王在邦宫，始献工，赐□赐璋。王在邦，始友曰考曰攸。大夫始敢对扬天子休，用作文考日己宝鼎，孙孙子子永宝用。（大矢始鼎，《集成》2792）

（2）唯九月既生霸辛酉，在匽（燕），侯赐宪贝、金。扬侯休，用作召伯父辛宝尊彝。宪万年子子孙孙宝，光用大保。（宪鼎，《集成》2749）

（3）唯九月，才（在）炎师，甲午，伯懋父赐召白马，妊黄

---

① 马承源：《中国青铜器》上海古籍出版社，2003年，第353页。

发微，用□不（丕）杯（丕）召多，用追于炎不肆伯懋父友召，万年永光，用作团宫旅彝。（召卣，《集成》5416）

如姜鼎（《集成》2791）、庚嬴卣（《集成》5426）、繁卣（《集成》5430）等也有类似的赏赐铭文。

（三）带祝嘏辞的训诰、约剂、律令

训诰在西周铭文中较常见，典型的训诰铭文有时间、地点、受诰者、诰辞、赏赐、作器辞等部分，有些则在铭末缀以称扬辞和祝嘏辞，如毛公鼎（《集成》2841）在赏赐语后续曰："毛公对扬天子皇休，用作尊鼎，子子孙孙永宝用。"

一般的约剂不必带上祝嘏辞，但如要告之于祖先或示诸后世，则可以附以祝嘏辞。如三年卫盉（《集成》9456）标明为"文考惠孟"而作，五祀卫鼎（《集成》2832）标明为"文考"而作，才者均为祭器，其格式为"时间+约剂经过+飨客+作器辞+祝嘏辞"。兮甲盘（《集成》10174）虽记律令，但还从王征伐、受赏之事，作器者要将事情告之祖上，垂名于后，因此结尾有祝嘏辞。

（四）带祝嘏辞的其他记事铭文

记事铭文很多，内容有纪功、从征、出使等，格式因时、因地、因事而异，但一般来说是"（时间）+事情经过+（赏赐）+（称扬辞）+作器辞+（表作器的功用、目的的语句）+祝嘏辞"。如麦方尊（《集成》6015）、矢令方彝（《集成》9901）、寊鼎（《集成》2731）等。

第三章 祝嘏对象研究

祝嘏铭文是作器之人对自身及其他对象的祈福之辞，故其常常涉及祈福者、祈匄对象及致福对象，本章通过对铜器铭文的深入分析，我们准备从祈福者、祈匄对象、致福对象等方面对相关祝嘏铭文进行分析。

一、祈福者

在金文中，作器者通常也是祭祀者、祈福者，如：

（1）鲁仲齐作旅甗，其万年眉寿，子子孙孙永宝用。（鲁仲齐甗，《集成》939）

（2）师器父作尊鼎，用享孝于宗室，用祈眉寿、黄耈、吉康，师器父其万年，子子孙孙永宝用。（师器父鼎，《集成》2727）

（3）伯喜作朕文考剌（烈）公尊簋，喜其万年，子子孙孙其永宝用。（伯喜簋，《集成》3998）

上揭诸例的作器者即是祈福者，也是受福者。第（2）例尤其典型，可以看出作器者、祈福者和受福者都是师器父自己，四者表现出高度一致。

（4）会娟作宝鼎，其万年子子孙孙永宝用享。（会娟鼎，《集成》2516）

(5) 唯王四年，虢姜作宝簋，其永用享。(虢姜簋，《集成》3820)

(6) 伯夏父作毕姬尊簋，其万年子子孙孙永宝用享。(伯夏父鼎，《集成》2584)

(7) 虢文公子𣪘作叔妃鼎，其万年无疆，子子孙孙永宝用享。(虢文公子𣪘鼎，《集成》2636)

上面四例为妇女所作器，或夫为妻所作器，同样，作器者即是祈福者。致孝以祈福，祭祀者和祈福者的一致性自不待言。但作器者和祈福者却未必都一致，如：

(8) 䤿叔、䤿姬作伯媿媵簋，用享孝于其姑公，子子孙孙其万年永宝用。(䤿叔䤿姬簋，《集成》4062)

(9) 鲁伯大父作孟姜媵簋，其万年眉寿，永宝用。(鲁伯大父作孟姜簋①，《集成》3988)

这两例都是媵器，是为生者所作，器物将随女入男方之家，祭祀对象为男方祖先。所谓"民不祀非族"(《左传》僖公十年)，作器者是不能参加祭祀的，但所媵嫁之女入于男方之家，成为男方家之一员，是可以参加祭祀的。因此，这里的作器对象就是祈福者。

其实，不必尽举其例，仔细看上面的例子，我们就会发现：铜器的实际持有者就是祭祀者，也就是祈福者；为祖先所作祭器的实际持有者通常还是作器者自己②，所以与自作器一样，作器者也就是祈福者。

---

① 《集成》作"鲁伯大父作孟□姜簋"，误。
② 林鹄先生在《宗法、婚姻与周代政治——以青铜礼器为视角》(《中国历史文物》2003年2期)一文将铜器分为自用器和赠器两类；自用器即包括养器和祭器；赠器则是为他人而作，包括媵器等。

二、祈匄对象

金文里的祈匄对象是祖先还是天？铭文有时有较明确的交待，有时又晦而不言，下文即对此作一讨论。

1. 套语"严在上，翼在下"中表达出的祈匄对象

古人祭祀的神灵主要有天神、地祇、人鬼等，其中只有人鬼有尸。在金文中，人鬼既是主要的祭祀对象，也是主要的祈匄对象。有些铭文用"严在上，翼在下""在上"等的格式来表明祈匄对象为祖先，如：

（1）用作朕皇考叀叔大林和钟，皇考严在上，翼在下，敼敼夔夔，降旅多福。（虢叔旅钟，《集成》238）

（2）作朕皇考叔氏宝林钟，用喜（饎）侃皇考，皇考其严在上，敼敼夔夔，降余鲁多福亡（无）疆。（士父钟，《集成》148）

（3）妄作和父大林钟，用追孝、侃喜（饎）前文人，前文人其严在上，敼敼夔夔，降余厚多福无疆，其万年，子子孙孙永宝用享。（井人妄钟，《集成》109）

（4）先王其严在帝左右，敼狄不恭，敼敼夔夔，降……（敼狄钟，《集成》49）

（5）乍（作）朕皇且（祖）幽大吊（叔）尊簋，其皇才（在）上，降余多福緐（繁）釐，广启禹身，擢于永令（命），禹其迈（万）年永宝用。（叔向父禹簋，《集成》4242）

（6）遂敢对天子不（丕）显鲁休扬，用乍（作）蒸彝，用言（享）孝于前（前）文人，其严才（在）上，趩（翼）才（在）下，穆秉明德，丰丰夔夔，降余康虞屯（纯）右（佑）通录（禄）永令（命），眉寿黐（绰）绾，肮臣天子，遂其万年无强（疆），子子孙孙永宝用言（享）。（遂鼎，《铭图》2501）

第三章 祝嘏对象研究

(7) 吊（叔）向父禹曰：余小子司（嗣）朕皇考，肇帅井（型）先文且（祖），共（恭）明德，秉威义（仪），用申恪奠保我邦、我家，乍（作）朕皇且（祖）幽大吊（叔）尊簋，其皇才（在）上，降余多福、緐（繁）釐，广启禹身，擢于永令（命），禹其迈（万）年永宝用。（叔向父簋，《集成》4242）

(8) 不（丕）显皇且（祖）考，穆穆克誓（哲）氒（厥）德，严才（在）上，广启氒（厥）孙子于下，擢于大服，番生不敢弗帅井（型）皇且（祖）考不（丕）杯（丕）元德，用申恪大令（命），屏王立（位），虔夙夜，専（溥）求不暜（潜）德，用谏四方，柔远能迩。（番生簋，《集成》4326）

(9) 逨敢对天子不（丕）显鲁休扬，用乍（作）朕（朕）皇且（祖）考宝尊般（盘），用追言（享）考（孝）于前文人，前（前）文人严才（在）上，廙（翼）才（在）下，數數豢豢，降逨鲁多福，眉寿黼（绰）绾，受（授）余康虞，屯（纯）右（佑）通录（禄），永令（命）霝（令）冬（终），逨畯臣天子，子孙孙永宝用言（享）。（逨盘，《新收》757）

(10) 我唯司（嗣）配皇天，王对乍（作）宗周宝钟，仓仓恩恩，雝雝雍雍，用卲（昭）各（格）不（丕）显且（祖）考先王，先王其严才（在）上，數數豢豢，降余多福，福余顺孙，参（三）寿唯利，默其万年，畯保四或（国）。（默钟，《集成》260）

以上诸列大都为西周时的祭器铭文，第（8）例"严在上"套语中不见主语，实则其主语乃上文之"皇祖"，由于在作器辞中已有表达，故承前省略。"严"是多言的意思①，"在上"即在

---

① 裘锡圭先生指出，"严"字应该从覒，敢声，为"譀"字初文（《说"岩""严"》，载《古文字论集》，中华书局，1992年，第99～104页）。《说文》："譀，诞也。"

天庭、在天帝面前，"翼"即是休、美①，"在下"即在下界、在人间。"严在上，翼在下"即是祖先神灵在天帝面前为子孙多多美言，下界的子孙随而获益受惠。"严在上"和"严在帝左右""严在帝所"意思是一样的。㝬簋（《集成》4317）则曰"其格前文人，其濒在帝廷陟降，申恪皇帝大鲁令"。"严在上"本身虽未必带出祈匄对象，但"在上"替子孙多美言的不可能为"天"，只能是祖先，这正是我们要找的祈匄对象。春秋时期这种用法少见，但在称扬祖先时却有"不坠于上，卲（昭）合皇天"（秦公镈，《集成》268）、"在帝之坏，严恭寅天命"（秦公簋，《集成》4315）、"有严在帝所"（叔尸钟，《集成》285）等类似说法。

金信周先生将带"祈""匄""易""降"等动词的祝嘏铭文列为一类来讨论②，但这些动词本身不能提示祈匄对象，更不能说明祈匄对象为祖先，因为金文还有"天赐之福"的例子，所举诸例中有三例在祝嘏辞中可以直接找到祈匄对象，另外三例则需在作器辞或追孝辞中寻找。

2. 一般祭器铭文中的祈匄对象

这类铜器的主要用途就是祭祀，因而在作器辞中往往出现祖考之名，或在器名前有与祭祀相关的修饰词。就祭器铭文来说，祈匄对象通常就是享孝或祭祀对象，可以出现在追孝辞里，如：

（1）作䵼宗彝，以卲（昭）皇祖，其严遴各，以受屯（纯）

---

① 裘锡圭先生在《卜辞"异"和《诗》《书》里的"式"》（见《古文字论集》，中华书局，1992年，第122页）一文证明卜辞、金文中的"异"就是《诗》《书》里的"式"。之后王冠英先生在《再说金文套语"最在上，界在下"》（载《中国历史文物》2003年第2期）中进一步说明"翼在下"之"翼"为施法之义。同年，潘玉坤先生在《金文"严在上，异在下"与"敬乃夙夜"试解》（《故宫博物院刊》2003年第5期第70~75页）中解释"翼"为休、美之义。姑存之。

② 金信周：《两周祝嘏铭文研究》，台湾师范大学国文研究所硕士学位论文，2002年，第284页。

第三章 祝嘏对象研究

鲁多厘、眉寿无疆。(秦公簋,《集成》4315)

(2) 大师虘作烝尊豆,用卲(昭)洛(各)朕文祖考,用祈多福,用匃(丐)永令(命)。(大师虘豆,《集成》4692)

而更多情况下,在追孝辞和祝嘏辞中不能直接找到祈匃对象,但祭器铭文中的作器对象①,即祖考,就是祝嘏辞中的祈匃对象,如:

(3) 用作朕皇祖公伯、孟姬尊簋,用匃(丐)多福、眉寿无疆、永屯(纯)、霝(令)冬(终),子子孙孙其永宝用享。(不嬰簋,《集成》4328)

(4) 仲爯父大宰南申厥辞,作其皇祖考遟王、监伯尊簋,用享用孝,用赐眉寿、纯佑、康勋,万年无疆,子子孙孙永宝用享。(仲爯父簋,《集成》4188)

(5) 毕鲜作皇祖益公尊簋,用祈眉寿鲁休,鲜其万年子子孙孙永宝用。(毕鲜簋,《集成》4061)

(6) 鲁士商戲肇作朕皇考叔獻父尊簋,商戲其万年眉寿,子子孙孙永宝用享。(鲁士商戲簋,《集成》4110)

(7) 隹(唯)九月初吉丁亥,邓公孙无嬰(忌)择吉金,铸其□鼎,其用追孝朕(朕)皇高且(祖),余用正(征)用行,永寿无强(疆),子子孙孙永宝用之。(无忌鼎,《新收》1231)

(8) 虎捧(拜)手頣(稽)首,敢对扬天子不(丕)显鲁休,用乍(作)朕皇且(祖)考庚孟尊鼎,其子子孙孙永宝。(吴虎鼎,《近出》364)

(9) 諆(其)弗敢昧朕皇且(祖),用乍(作)朕剌(烈)且

---

① 刘源先生认为"某为某祖先作器"这样的习语及金文中直接陈述祭祀、享孝祖先的内容都反映对祖先的常祀。参《商周祭祖礼研究》,商务印书馆,2004年,第50~54页。

· 99 ·

(祖）幽吊（叔）宝尊鼎，諆（其）用追亯（享）孝，用旂（祈）眉寿万人［年］，子子孙孙，其永宝用。（柞伯鼎，《铭图》2488）

（10）中（仲）辛父乍（作）朕皇且（祖）日丁、皇考日癸尊簋，辛父其万年无强（疆），子孙孙永宝用。（仲辛父簋，《集成》4114）

有些祭器铭文里通篇不能直接找到祈匄对象，如：

（11）王子剌（烈）公之宗妇鄂婴为宗彝薕彝，永宝用，以降大福，保辥鄂国。（宗妇鄂婴簋，《集成》4077）

但其中的"宗"表示铜器用于宗庙祭祀，"薕"① 也通常认为与祭祀有关，则铜器是用于祭祀祖先的，祈匄对象自然也应该是祖先。类似的还有过伯簋（《集成》3907）、吕伯簋（《集成》3979）等。

古人受天子之赐必告于列祖列宗，故常有一些册命、赏赐铭文在作器辞中直书为祖考作器，其祈匄对象亦即祖先。如，此在受到册命、赏赐后"用作朕皇考癸公尊簋"（此簋，《集成》4310），豆闭在受到册命和赏赐后"用作朕文考厘叔宝簋，用赐畴寿，万年永宝用于宗室"（豆闭簋，《集成》4270）。《诗·常武》也有类似的记载："厘尔圭瓒，秬鬯一卣，告于文人。锡山土田，于周受命，自召祖命。"《礼记·曾子问》载孔子曾曰："诸侯适天子，必告于祖，奠于祢，冕而出视朝，命祝史告于社稷、宗庙、山川，乃命国家五官而后行，道而出。告者五日而

---

① 陈剑先生《甲骨金文旧释"薕"之字及相关诸字新释》（复旦大学出土文献与古文字研究中心网，2007 年 12 月 29 日）详细考察了相关诸字，将"薕"与"肆"联系起来，并认为该字作为器名前的修饰词，其意义在历史中也会有所变化。我们也看到有些薕器前的作器对象为生者，如"蔡姬作皇兄尹叔尊薕彝，尹叔用妥多福于皇考德尹、㫃姬"（《集成》4198），在春秋时期还有自作薕器的例子，如曾子仲㝬鼎（《集成》2520）。

遍,过是非礼也。凡告用牲、币,反亦如之。诸侯相见,必告于祢,朝服而出视朝,命祝史告于五庙。所过山川,亦命国家五官,道而出。反必亲告于祖祢,乃命祝史,告至于前所告者,而后听朝而入。"似乎所告者不独为祖先,还有社、稷等,但只有祖先才用"亲告"。揆之金文,告于祖者多,告于其他神灵者鲜,可知祖先较其他神灵与人更为亲近,因而是金文中的普遍祭祀对象和祈匄对象。"因为宗法制度要求有非常严格的世袭相承的关系,那些在立国建邦时有功勋的贵族,他们的子弟都要托庇于他们的余荫。为此,必须要追述祖先的功勋,并且把祭祀人自己所获得的荣誉,也要告祭于先祖,以便在其宗族的体系中获得自己的地位。"① "周代宗法与政治组织二位一体,祖先祭祀的政治意义就十分突出了。在这种情况下,贵族宗庙祭祀的断绝与政权的丧失就成为完全一致的现象了。明乎此,我们就能理解为什么贵族那么看重宗庙祭祀。"②

3. 养器铭文中的祈匄对象

有许多铭文于作器辞中不见祖考之名,器名前也没有与祭祀相关的用语,此类铜器大都为养器(其中旅器、行器和媵器放在后面讨论),有些养器铭文没有为我们提供任何判断祈匄对象的信息,如:

(1) 蔡大夫善趣作其鎛(馈)簠,其万年眉寿无疆,子子孙孙永宝用之。(蔡大夫善趣簠,《近出》529)

(2) 唯王正月初吉,辰在乙亥,邾公牼择厥吉金,玄镠肤吕,自乍(作)和钟,曰:余毕龏(恭)威(畏)忌,铸以和钟二锗(堵),以乐其身,以匽(宴)大夫,以喜(饎)者(诸)士,至于万年,分器是寺(持)。(邾公牼钟,《集成》149-152)

---

① 马承源:《中国古代青铜器》,上海人民出版社,1982年,第21页。
② 詹鄞鑫:《神灵与祭祀》,江苏古籍出版社,2000年,第183页。

而下面的例子则有带有享孝、祭祀用语，表明养器可以兼为祭器：

（3）伯大师小子伯公父乍（作）簠，择之金，隹（唯）鐈（鎏）唯卢，其金孔吉，亦玄亦黄，用成（盛）糯、穛（稻）、粱，我用召卿士辟王，用召诸考诸兄，用祈眉寿、多福无疆，其子子孙孙永宝用亯（享）。（伯公父簠，《集成》4628）

（4）番君召作馈簠，用享用孝，用祈眉寿，子子孙孙永宝用。（番君召簠，《集成》4582）

（5）唯曾伯文自作宝簠，用赐眉寿、黄耇，其万年，子子孙孙永宝用享。（曾伯文簠，《集成》4052）

（6）唯曾白（伯）陭乃用吉金鐈（鎏），用自乍（作）醴壶，用卿（饗）宾客，为德无叚（瑕），用孝用亯（享），用膓（赐）眉寿，子子孙孙，永受大福无强（疆）。（曾伯陭壶，《集成》9712）

"馐（馈）""飤""盨""醴"等词"均就器物之用途言，即为养器之证"，"德亦指人生饮食之事"[①]。"自"[②] 为己身代词，表示"自己"，"伯雍父自作用器"（伯雍父盘，《集成》10074）是其在金文中的典型用例。自作器大都为养器。自作器器名前未见有祖考之名者，即带有祭祀意义的修饰词也甚为罕见。而在追孝辞或祝嘏辞里则带有"享""孝"等与祭祀有关的词，这表示养器也可以兼有祭器之用[③]。金文中明确说明的作器对象，除祖

[①] 徐中舒：《金文嘏辞释例》，《徐中舒历史论文选辑》，中华书局，1998年，第507页。

[②] 武振玉先生曾详细列举了各家意见及"自"在金文中的代词用法。说见武振玉：《两周金文词类研究（虚词）》，吉林大学博士学位论文，2006年，第62~63页。

[③] 刘源先生认为："祭器有时也可兼为燕飨之用。"并举卫簋铭（《集成》2733）为例："卫肇作厥文考己仲宝簋，用莽寿，匄永福，乃用乡王出入使人，暨多倗友，子孙永宝。"对于殳季良父壶铭"用享孝于兄弟、婚媾、诸老"，刘先生以为"还不宜早下定论"（参《商周祭祖礼研究》，商务印书馆，2004年，第291~295页）。

先外，兼为祭祀对象的别的神灵极为罕见，因此我们认为上述养器中的祈匄对象最有可能就是祖先。下面的养器铭文则标明了享孝对象，有的则在祝嘏辞中直接说明祈匄对象就是祖先：

（7）正月季春，元日己丑，余畜孙书也，择其吉金，以作铸缶，以祭我皇祖，吾以祈眉寿。栾叔之子孙，万世是宝。（栾书缶，《集成》10008）

（8）梁其作尊壶，用享孝于皇祖考，用祈多福、眉寿、永令（命）无疆，其百子千孙永宝用。（梁其壶，《集成》9716-9717）

（9）自作鴋钟……用祈眉寿繁厘于其皇祖皇考，若召公寿，若参（三）寿。（者澫钟，《集成》193）

（10）䣄史殹乍（作）宝壶，用禋祀于兹宗室，用追福录（禄）于兹先申（神）、皇且（祖）、言（享）吊（叔），用易（赐）眉寿无强（疆），用易（赐）百福。（䣄史𣪘壶，《集成》9718）

（11）唯白（伯）家父䣄乃用吉金，自乍（作）宝簠，用言（享）于其皇祖、文考，用易（赐）害（丐）眉寿、黄耇，霝（令）冬（终），万年子孙永宝用言（享）。（伯家父簠盖，《集成》4156）

（12）唯䣄正二月初吉乙丑，上䣄公孜人作尊簠，用享孝于厥皇祖、于厥皇考，用赐眉寿，万年无疆，子子孙孙永宝用享。（上䣄公孜人簠盖，《集成》4183）

（13）章叔将自作尊簠，其用追孝于朕嫡考，其子子孙孙永宝用之。（章叔将簠，《集成》4038）

铭文在作器辞后先示以享孝，继以祝嘏，于情于理甚合。上面第十例"用禋祀于兹宗室"也是说明祭祀对象为祖先。既然以祖先为祭祀对象，即使后面的祝嘏辞中不明确标明祈匄对象，我们也可推知祈匄对象是祖先。如果铭文不言享孝或祭祀对象，也没说明祈匄对象,则铜器兼用作祭器时的祭祀对象可能较宽泛,祈匄对象则也当不局限于祖先。但从大量铜器铭文所反映的情况来看,祖先必是主要的祈匄对象。

4. 旅器、行器铭文中的祈匄对象

大部分旅器都是养器,并不在作器辞中标明祖考之名或在器名前使用祭祀性质的修饰词,如:

(1) 伯公父作旅盂,其万年子子孙孙永宝用。(伯公父盂,《集成》10314)

(2) 曾中(仲)自乍(作)旅盘,子子孙孙永宝用之。(曾仲盘,《集成》10097)

但也有些旅器铭文带有追孝辞,或在作器辞、祝嘏辞中使用与祭祀相关的词语,如:

(3) 白(伯)梁其乍(作)旅盨,用亯(享)用孝,用匄(丐)眉寿、多福,畯臣天子,万年唯极,子子孙孙永宝用。(伯梁其盨,《集成》4446)

(4) 郜公諴作旅簋,用追孝于皇祖、皇考,用赐眉寿万年,子子孙孙永宝用。(郜公諴簋,《集成》4600)

(5) 史免作旅簋,从王征行,用盛稻粱,其子子孙孙永宝用享。(史免簋,西周晚期,4579)

(6) 鲁伯愈用公恭,其肇作其皇考、皇母旅盨簋,念夙夜用追孝,用祈多福,愈其万年眉寿,永宝用享。(鲁伯愈盨,《集成》4458)

(7) 周乎铸旅宗彝,用享于文考庚仲,用匄(丐)永福,孙孙子子其永宝用。(周乎卣,《集成》5406)

"从王征行""用盛稻粱"表明其养器性质,而"用享用孝""用追孝""永宝用享"则表明其祭祀性质,尤其是"其肇作其皇考、皇母旅盨簋"这样的例子。这说明旅器可以用作养器,也可

第三章 祝嘏对象研究

以用作祭器①。金文中最主要的享孝对象是祖先，既是作器对象又是享孝对象的则只有祖先。在周人看来，以祖先为享孝、祭祀对象是不言自明的，因此致孝以祈福不需言必称祖考，亦可知祈匄对象为谁。查《殷周金文集成引得》"享"字条②，"享"后带享孝对象的条目不到不带享孝对象的一半，而金文祝嘏辞中带有祈匄对象的则屈指可数。上面的例子也显示，祖先就是旅器铭文中的主要祈匄对象。我们再看一些"从彝"的例子，如：

（8）遹奥作从宗彝。（传尊，西周中期，《集成》5864）

（9）内（芮）公乍（作）铸从鼎，永宝用。（芮公鼎，春秋早期，《集成》2387）

（10）芮公作铸从簠，永宝用。（芮公钟，春秋早期，《集成》3708）

（11）单光乍（作）从彝。（单光鼎，西周早期，《集成》2055）

（12）吊（叔）乍（作）母从彝。（叔鼎，西周中期，《集成》2075）

（13）北单乍（作）从旅彝。（北单鼎，西周早期，《集成》2173）

（14）吊（叔）逆乍（作）从簋。（叔逆簋，西周中期，《铭图》4447）

（15）亚夫乍（作）宝从彝。（亚夫瓿，西周早期，《集成》7285）

（16）光乍（作）从彝。（光斝，西周早期，《集成》9237）

"从"用在器名前作修饰语主要见于西周早、中期的铜器，

---

① 黄盛璋先生在《释旅彝》（载《中华文史论坛》1979年第2辑，第105～120页）一文中说解甚详。

② 张亚初：《殷周金文集成引得》，中华书局，2001年，第692～696页。

西周晚期以后的比较少见，且多集中在春秋早期这一段。此类铜器铭文都很短，往往只有作器辞，这里所选的用例已算是长的了。"从"用作动词，可以作"随行""跟从"讲，且多与征伐、征行有关。如：

（17）过伯从王伐反荆，孚金，用作宗室宝尊彝。（过伯簋，昭世，《集成》3907）

（18）用从丼（邢）侯征事。（麦盉，昭世，《集成》9451）

（19）师旗众仆不从王征于方。（师旗鼎，穆世，《集成》2809）

（20）叔邦父作簠，用征用行，用从君王，子子孙孙其万年无疆。（叔邦父簠，西周晚期 4580）

因此，我们认为"从彝"之得名最初可能与征行有关，故多为养器，但同时和旅器一样，也可以用作祭器。从彝铭短，多无祝嘏辞的铭文特征，以及上列从彝已晚至西周晚期和春秋早期，可以推知此类彝器当与一般养器一样，其祝嘏辞省略的祈匄对象主要是祖先，但也很可能兼有社稷之神。下面我们结合一些行器的例子对此问题试做简要探讨。有关行器的铜器铭文如：

（21）尌仲作甗，用征用行，子子孙孙永宝用。（尌仲甗，春秋，《集成》933）

（22）隹（唯）曾白（伯）文自乍（作）旅（厥）饮罍，用征行。（曾伯文罍，春秋，《集成》9961）

（23）叔夜铸其馓（馈）贞（鼎），以征以行，用盬（煮）用烹，用祈眉寿无疆。（叔夜鼎，春秋，《集成》2646）

（24）唯繁子宿车作行鼎，子孙永宝，万年无强（疆），自用。（繁子宿车鼎，春秋，《集成》2603）

（25）唯鄒子宿车自作行盆，子子孙孙永宝用享，万年无疆。

· 106 ·

(郳子宿车盆,春秋,《集成》10337)

(26)曾子𪉈自作行器,则永祜福。(曾子𪉈簠,春秋,《集成》4528)

(27)虢叔铸行盨,子子孙孙永宝用享。(虢叔盨,西周晚期,《集成》4389)

(28)㬅伯子㚸父作其征盨,其阴其阳,以征以行,割眉寿无疆,庆其以臧。(㬅伯子㚸父盨,西周晚期,《集成》4443)

(29)侯母乍(作)侯父戎壶,用征行,用求福无强(疆)。(侯母壶,春秋,《集成》9657)

前三例器名前没有"行""征"等特征修饰词,但却有行器之实,行器之名则多见于东周。"饮""䤾""用煮用烹""自作""自用"等词语亦即为养器之征。黄盛璋先生认为"其阴其阳,以征以行"即是不论天气阴晴,征行都可以使用这些铜器,且"行(或'征')+器名"等于"旅+器名"①。"行"亦可用于乐钟名前,如"蔡侯申之行钟"(蔡侯申钟,《集成》213),亦可用于"戈""戟"前,如"䍙叔之行戈"(䍙叔戈,《集成》11067)、"曾侯越之行戟"(曾侯戟,《集成》11175),甚至有些行器径以"戎"字冠在器名前,如"侯母乍(作)侯父戎壶,用征行,用求福无强(疆)"(侯母壶,《集成》9657),这就更说明行器与征行或征伐的关系。行器多见于东周,这大概与东周战事频繁有关。

商王每逢出征必先卜问吉凶,乞求天地神灵和祖先神灵保佑,如以下卜辞:

(30)甲子卜,□贞:出兵,若?(《甲骨文合集》7204)

(31)甲……贞:勿出兵……(《甲骨文合集》7205)

---

① 黄盛璋:《释旅彝》,《中华文史论坛》1979年第2辑,第111~112页。

(32)……殻贞：舌方衛率伐不，王告于祖乙其征，匄（丐）佑？七月。(《甲骨文合集》6347)

(33) 庚申卜，争贞：爰南单？辛巳卜，争贞：寮？贞：王更沚或比伐🗌方，帝受我又？

王勿隹沚或比伐🗌方，帝不我受又？(《甲骨文合集》6473)

周人出师也会乞求神灵保佑。《礼记·曾子问》载孔子之言："天子、诸侯将出，必以币帛皮圭告于祖祢，遂奉以出，载于齐车以行。每舍，奠焉而后就舍。反必告，设奠。卒，敛币玉，藏诸两阶之间，乃出。盖贵命也。"这就是说，不仅出师前后要向祖先行祭礼，还要载木主以行，以求祖先在身边保佑自己出行顺利。《左传·庄公八年》云："治兵于庙，礼也。"《史记·周本纪》记武王第一次兴师伐纣时"言奉文王以伐"，部队到盟津，不战而退，据说是天命未可；第二次兴师伐纣之时，"乃遵文王，遂率戎车四百乘，虎贲三千人，甲士四万五千人，以东伐纣"，亦载文王木主。金文有记过伯"从王伐反荆，孚金"，因此告于祖，"作宗室宝尊彝"（过伯簋，《集成》3907）。看来，宗庙、祭祖确与征行有关。那么，行器铭文即使不言明祈匄对象，我们也可知其祈匄对象必有祖先了。我们再看下面的材料：

(34) 帅师者受命于庙，受脤于社①，有常服矣。(《左传·闵公二年》)

(35) 社稷不动，祝不出境，官之制也。君以军行，祓社衅鼓，祝奉以从，于是乎出境。(《左传·定公四年》)

(36) 凡师、甸（田猎），用牲于社、宗，则为位。(《周礼·肆师》)

---

① 祭社后把社肉分与各人，分得社肉即是受脤。参看陈戍国：《中国礼制史·先秦卷》，湖南教育出版社，2002年，第331页。

这就是说出师也要祭社，甚至要载社、稷之木主以行。周有军社制度。我们认为，很可能征行所祀非独人鬼，且所铸铜器主要用为养器，所以行器铭文通常不书享孝对象，故其祈匄对象也应较宽泛，包括社神、稷神。至于旅彝，黄盛璋先生如是说："其原因当由于旅彝由祭器分化而来，由专用的祭器渐移动可以多用。故早期应用范围较广，愈往后则偏重于征行。后来行彝逐渐代替旅彝，因而即以征行为主。"①

5. 媵器中的祈匄对象

在古代，婚姻是人生之大事，也是家族乃至国家之大事。"先秦时婚姻绝非只是男女婚配之事，对国家来说，通过联姻以加强联盟，故'凡君即位，好舅甥，修婚姻，娶元妃以奉盛，孝也，礼之始也'（《左传·文公二年》）。对家族来说是上承宗庙，下继后代的大事。《礼记·昏义》云：'昏礼者，将合二姓之好，上以事宗庙，下以继后代也，故君子重之。'"②媵嫁子女时所作之铜器即为媵器，媵器就成为两族、两国修好联姻的凭证。文术发先生收集到的两周媵器铭文就有116件之多③，如以下媵器：

（1）黄君作季幻祕媵簠，用赐眉寿、黄耇，万年子子孙孙永宝用享。（枽同簠盖，《集成》，4039）

（2）㝬叔、㝬姬作伯媿媵簠，用享孝于其姑公，子子孙孙其万年永宝用。（㝬叔㝬姬簠，《集成》4062）

（3）妌仲作甫祕朕（媵）簠，子子孙孙永宝用。（妌仲簠，《集成》4534）

（4）鼬侯作叔姬寺男媵簠，子子孙孙永宝用享。（鼬侯簠，《集成》4562）

---

① 黄盛璋：《释旅彝》，《中华文史论坛》1979年第2辑，第113页。
② 曹玮：《散伯车父器与西周婚姻制度》，《文物》2000年第3期，第64页。
③ 文术发：《从媵器铭文看两周女权》，《中原文物》2000年1期，第27页。

・109・

(5) 铸公作孟妊车母媵簠,其万年眉寿,子子孙孙永宝用。(铸公簠盖,《集成》4574)

(6) 台（以）作叔姬寺吁宗彝荐鉴,用享用孝,眉寿无疆,往已叔姬,虔敬乃后,子孙勿忘。(吴王光鉴,《集成》10298)

(7) 用作大孟姬媵彝缶,禋享是以,祇盟尝啇,佑受无已。(蔡侯尊,《集成》6010)

(8) 鲁伯大父作仲姬俞媵簠,其万年眉寿,永宝用享。(鲁大父作仲姬俞簠,《集成》3989)

(9) 齐侯作媵宽圆孟姜善（膳）敦,用祈眉寿,万年无疆。(齐侯作孟姜敦,《集成》4645)

(10) 倗中（仲）乍（作）毕媿媵鼎,其万年宝用。(倗仲簠,《集成》2462)

(11) 鲁侯乍（作）姬翏媵鼎（鼎）,其万年眉寿永宝用。(鲁侯鼎,《近出》324)

(12) 许男乍（作）成姜桓母媵尊鼎（鼎）,子子孙孙永宝用。(许男鼎,《集成》2549)

(13) 弗（费）奴父乍（作）孟姒府媵鼎（鼎）,其眉寿万年永宝用。(弗奴父鼎,《集成》2589)

(14) 白（伯）家父乍（作）孟姜媵鬲,其子孙永宝用。(伯家父鬲,《集成》2900)

(15) 黾（郳）白（伯）乍（作）媵鬲,其万年子子孙孙永宝用。(郳伯鬲,《集成》669)

(16) 内（芮）公乍（作）铸京氏妇吊（叔）姬媵鬲,子子孙孙永用畗（享）。(芮公鬲,《集成》711)

(17) 曹公媵孟姬悆母筐簠,用祈眉寿无强（疆）,子子孙永寿用之。(曹公簠,《集成》4593)

(18) 中白（伯）乍（作）亲（辛）姬娈人媵壶,其迈（万）年子子孙孙永宝用。(中伯壶,《集成》9668)

· 110 ·

(19) 隹（唯）廿又六年十月初吉己卯，番匊生铸媵壶，用媵乎（厥）元子孟改乖，子子孙孙永宝用。（番匊生壶，《集成》9705）

(20) 京吊（叔）乍（作）孟嬴媵般（盘），子子孙永宝用。（京叔盘，《集成》10095）

从上面的例子可以看出，媵器可以用作养器，也可以用作祭器。吴王光鉴的例子说明媵器不必定要冠以"媵"字。而欶叔、欶姬所作媵簋铭文中，"用享孝于其姑公"一语则明确表明此器的祭祀对象为夫家祖先，那么相应的祈匄对象也只能是女儿夫家祖先，受福之"子子孙孙"也只能是女儿夫家之子孙。因此，说媵器铭文中的祝嘏辞"乃嫁女者为其子女祈福之辞，与作养器者之祈福，皆同以天神为其假定之对方"① 是不确的。

传世文献也支持祖先为媵器铭文的祈匄对象。《左传·隐公八年》记载郑公子忽先配而后祖，针子即以为"诬其祖矣，非礼也"，可见婚姻这样的大事是要先祭祀告于祖先的。其实，整个婚礼的许多环节都是在宗庙进行的，"是以婚礼纳采、问名、纳吉、纳征、请期，皆主人筵几于庙，而拜迎于门外，入，揖让而升，听命于庙，所以敬慎重正婚礼也"（《礼记·昏义》）。因此，杜正胜先生说："铜器铭文所云父亲嫁女之祝嘏应向祖先祈求无疑。"②但其征引《仪礼·士昏礼》之一段描述的是男子在女方宗庙迎娶新娘的情节，似言媵器铭文中的祈匄对象为女方祖先，则不确。媵器随女入于男方之家，其使用也在男方，祭祀、祈匄的对象也只能是男方的祖先。

---

① 徐中舒：《金文嘏辞释例》，《徐中舒历史论文选辑》，中华书局，1998年，第508页。

② 杜正胜：《从眉寿到长生——中国古代生命观念的转变》，《"中央研究院"历史语言研究所集刊》第66本第2分册，1995年，第391页。

媵器铭文和传世文献没有提及祖先之外的祭祀对象，且婚嫁主要关乎"祀宗庙""继后代"，与祖先之外的神灵似乎关系不大，因此其祈匄对象也不宜再有祖先之外的神灵。

6.金文中可能以天为祈匄对象的例子

近代著名学者王国维先生曾指出古代商周之变，实乃社会之一大变化。商周之变的内容是多方面的，如宗法、祭祀等。二者在神灵崇拜方面亦有较大差异，如商代的至上神主要为"帝"，而两周之际的至上神主要为"天""神"等，虽然商周文献中均有"天"，但二者所指却有着天壤之别。西周金文中"神"的一些用例如下：

（1）用作朕皇考癸公尊簋，用享孝于文神，用匄（丐）眉寿。(此簋，西周晚期，《集成》4303)

（2）作册嗌作父辛尊……用作大御于厥祖妣、父母、多神。(作册益卣，西周中期，《集成》5427)

（3）余陈仲产孙、蔑叔和子，恭寅鬼神，毕恭畏忌，擇择吉金，作兹宝簋，用追孝于我皇舅，鎗。(陈眆簋盖，战国早期，《集成》4190)

（4）敢作文人大宝协和钟，用追孝升祀，邵（昭）各（格）乐大神，大神其陟降，严祜爨妥厚多福，其數數亹亹，受余纯鲁、通禄、永命、眉寿霝（令）终，癞其万年永宝日鼓。(癞钟，西周晚期，《集成》247)

（5）宁肇其作乙考尊簋，其用各（格）百神，用妥（绥）多福，世孙子宝。(宁簋盖，西周早期，《集成》4021)

（6）唯用妥神，襃熙前文人，秉德恭纯，唯匄（丐）万年子子孙孙永宝。(伯戔簋，西周中期，《集成》4115)

（7）杜伯作宝盨，其用享孝皇神祖考，于好朋友，用𤔲（求）寿，匄（丐）永令（命），其万年永宝用。(杜伯盨，西周

晚期，《集成》4449）

在西周金文中，"神"① 的用例大都见于中、晚期铜器，且都不指"天"。上揭辞例中的"神"也都不是"天"，据文意可知其指的是祖先。"文人""前文人""神人""文神人"等，都是对祖先的泛称，金文习见。第二例中"多神"与祖妣、父母并举，且作器对象为父辛，则知"多神"泛称祖先矣。"百神"与"多神"同义。"皇神""祖考"并称，亦不能指"天"。第三例言称"陈仲产孙、橐叔和子"作宝簋以追孝于祖先，则"鬼神"亦即祖先。文献以"神"指称祖先的如《诗经·小雅·天保》："神之吊矣，诒尔多福。"朱熹集传："吊，至也。神之至矣，犹言祖考来格也。"西周金文也有言"天"的，如：

（8）王祀于天室，降天亡又（佑）王，衣祀于王丕显考文王，事喜（饎）上帝。（天亡簋，西周早期，《集成》4261）

（9）唯武王既克大邑商，则廷告于天……（何尊，西周早期，《集成》6014）

（10）王若曰：盂，不（丕）显文王，受天有大令（命）……故天翼临子，法保先王……（大盂鼎，西周早期，《集成》2837）

（11）上帝司夒允保，受天子绾令、厚福、丰年，方蛮亡（无）不䂂见。（史墙盘，西周中期，《集成》10175）

（12）唯皇上帝百神，保余小子，朕犹有成亡（无）竞，我唯司（嗣）配皇天，王对乍（作）宗周钟，仓仓怱怱，雝雝雍雍，用邵（昭）各（格）不（丕）显且（祖）考先王，先王其严才（在）上，數數䕺䕺，降余多福，福余顺孙，参（三）寿唯利，默

---

① 晁福林先生认为《尚书》《诗经》中"神"的用例没有西周早期的，"神"的辞义的确定是西周后期的事情（参《春秋时期的鬼神观念及其社会影响》，《历史研究》1995 年 5 期，第 21 页）。

(胡)其万年,畯保四或(国)。(猷钟,西周晚期,《集成》260)

(13)王若曰:父厝,不(丕)显文、武,皇天引猒厥德,配我有周,膺受大命……(毛公鼎,西周晚期,《集成》2841)

(14)王曰:有余隹(虽)小子,余亡(无)康昼夜,巠(经)拥先王,用配皇天,簧嚣(致)朕心,墬(施)于四方。(猷簋,西周晚期,《集成》4317)

(15)隹(唯)正月吉日丁酉,徐王义楚择尔吉金,自酢(作)祭鍴(觯),用亯(享)于皇天,及我文考,永保台身,子孙宝。(义楚觯,春秋晚期,《集成》6513,如图35)

图35 义楚觯铭文

第三章 祝嘏对象研究

从上面的例子可以看出，天还可称帝、上帝、皇天等①，天有神威，可以授命，能赐福，可以被祭祀，等等。但是，在礼乐制度完备的西周，等级森严，只有周王才能祀天地及四方诸神，也只有周王才能受天命，得到天的护祐。史墙盘、㝬钟所记上天赐福之辞的语气与一般祝嘏辞也不同，有叙述和称扬之意②，且受福者都是天子。史墙盘中上帝赐福天子的话夹在对祖先的称扬语之中，其目的是为了衬托、抬高祖先的功德，盘铭的真正祝嘏辞在作器辞后，即"烈祖文考，弋休受墙尔黹福"等话，也即祈匄对象是祖先。㝬钟为厉王所作，"我唯嗣配皇天"似是天"保余小子"的结果，则"保余小子"是已经存在的事实，因此厉王"对作宗周钟"，这与一般赏赐铭文的格式有些类似。按照常例，其祝嘏部分在作器辞和追孝辞后，即"严在上"及其后面的"降余多福"之类的话，"用卲（昭）各（格）丕显先王""先王其严在上"，则说明其祈匄对象是祖先而非天。③ 总之，在西周金文里，目前似乎还找不到确切的以天为祈匄对象的祝嘏辞。金文里果真没有以天为祈匄对象的吗？试看下面的例子：

（16）朕宋右币（师）延，隹（唯）嬴嬴趩趩（盟，明）易（扬）天惻（则），骏共（恭）天尚（常），乍（作）䵼（粱）饎器，天亓（其）乍（作）市（祓）于朕身，永永有庆。（宋右师延敦，春秋后期，《近出》538）

---

① 学者多认为商、周有不同的信仰，商崇帝，周信天，周代商后出于政治的需要，也接受了"帝"的观念，最终造成帝、天相混。张桂光先生在《殷周"帝""天"观念考索》[载《华南师范大学学报》（社科版）1984年2期]一文中即认为如此。

② 参金信周先生《两周祝嘏铭文研究》，台湾师范大学硕士论文，2002年，第294页。

③ 刘源先生认为㝬钟（宗周钟）"唯皇上帝、百神，保余小子"一语证明天也是祈匄对象（参《商周祭祖礼研究》，商务印书馆，2004年，第298页）。

115

(17) 以卿（饗、享）上帝，以祀先王，穆穆济济，严敬不敢怠荒，因载所美，卲戎（跂）皇工（功），诋郾（燕）之诒，以儆嗣王，隹（唯）朕皇祖文、武、桓祖、成考，是又（有）纯德遗训，（以）阤（施）及子孙。（中山王䲵方壶，战国，《集成》9735）

(18) 余用自作旅簠，以征以行，用盛稻粱，用孝用享于我皇文考，天赐之福，曾曼𣪘（遐）不黄耇，万年眉寿无疆，子子孙孙永宝用之享。（曾伯霥簠，春秋早期，《集成》，4632）

上揭几例均为东周时器。(15) 辞的义楚觯将"皇天"与"我文考"并举，此"皇天"亦即天、天帝，诸家无异议。宋右师延敦的祝嘏辞是"天其作祓于朕身，永永有庆"，整句意思就是希望天将美善赐予自己，永远吉祥。中山王䲵方壶谓"以乡（饗）上帝，以祀先王"，则其祈匄对象亦当包括天和祖先。曾伯霥簠曰"用享于我皇文考"，但又说"天赐之福"，而不言祖先。刘源先生引《小雅·信南山》"曾孙寿考，受天之祜"、《仪礼·特牲馈食礼》"来女孝孙，使女受禄于天"，认为这里的受天福祐是通过祭祖实现的①因此曾伯霥簠的祈匄对象也应是祖先。然则曾伯霥簠中的祈匄对象不应为天。(17)(18) 两例徐中舒先生、杜正胜先生、金信周先生等都曾引用，徐中舒先生谓其"均祖考天神并言，知当时所祈求之对方，不必即属于祖先也"②，杜正胜先生称曾伯霥簠是"祈寿铭文最早与天神有关的资料"③，金信周先生则据此两例认为"祖先神灵仍是周人的最主要祈福对

---

① 刘源：《商周祭祖礼研究》，商务印书馆，2004 年，第 297~298 页。
② 徐中舒：《金文嘏辞释例》，《徐中舒历史论文选辑》，中华书局，1998 年，第 506 页。
③ 杜正胜：《从眉寿到长生——中国古代生命观念的转变》，《"中央研究院"历史语言研究所集刊》第 66 本第 2 分，1995 年，第 402 页。

第三章 祝嘏对象研究

象,仅享受天帝所降的福祉的身份阶层较之前代有所扩大而已"[1]。我们认为(16)例仅向天祈福,(17)(18)例兼向天和祖先祈福,祈福之人均非周王(天子)。例虽不多,却说明天的地位有所下降,祀天祈福不再为周王所独专。这反映了西周旧礼的崩坏和周室东迁后周王共主地位丧失的事实,这与文献的记载是一致的。

年代属于春秋时期的洹子孟姜壶(《集成》6730)铭文有"齐侯拜嘉命,于上天子[2]用璧玉备一司,于大无(巫)司折(誓)于(与)大司命用璧、两壶、八鼎,于南宫子用璧二备、玉二司、鼓钟一肆"句,则洹子孟姜"乞嘉命""祈眉寿"的对象很可也是这四神,这就是说在祖先、天帝、社之外还可能有别的祈匄对象。但是,就整个东周铭文来说,祖先仍是主要的祭祀和祈匄对象。

可见,祖先是两周金文中最主要、最普遍的祭祀对象和祈匄对象,这和文献记载有一致性。据赵沛霖先生统计,《诗经》共有17首祭祀诗,祭上帝者1首,祭祖先者13首,祭山河者3首[3]。天帝为周人的至上神,为什么金文、《诗经》中的主要祭祀和祈匄对象反而是祖先呢?赵先生认为其原因是祖先崇拜的高度发展。在当时的宗法制度和政治背景下,祖先崇拜较其他形式的崇拜更具现实性和功利性。故实际上宗庙的地位较郊坛和社稷都重要。《礼记·祭义》云:"建国之神位,右社稷而左宗庙。"

---

[1] 金信周:《两周祝嘏铭文研究》,台湾师范大学硕士论文,2002年,第295页。

[2] 郭沫若先生在《两周金文辞大系考释》里认为此四神中,以上天子为尊,上天子或即天帝异称;杜正胜先生在《从眉寿到长生——中国古代生命观念的转变》中认为司命为天帝之臣正;张二国先生认为四神可能属齐国的神灵系统,说见《两周时期诸神的权能》,《湖南师范学院学报》(人文社科版)2002年第3期。

[3] 赵沛霖:《关于〈诗经〉祭祀诗祭祀对象的两个问题》,《学术研究》2002年第5期。

郑玄注:"周尚左也。"另外,宗庙祭祀也较其他祭祀频繁,"四祢庙和太祖庙每月祭祀一次,只荐熟不杀牲,叫月荐"①。我们推测,先秦铜材贵重,宗庙之外的祭器足用即可,且养器可兼作祭器,宗庙之外的祭祀又不如宗庙祭祀重要和频繁,因此很少专为宗庙之外的某种祭祀铸铜器并铸刻相关铭文。祭祀的等级化、特权化,神灵权能的差异②,也是祖先成为铜器铭文中主要祭祀对象、祈匄对象的原因。

三、致福对象

致福对象,或者说受福者,通常就是祈福者及其子孙,如:

(1) 孟姬脂自乍(作)饎(馈)簋,其用追考(孝)于其辟君武公,孟姬其子孙永宝。(孟姬洎簋,《集成》4072)

(2) 遹作朕文考胤伯尊簋,遹其万年,子子孙孙永宝用。(遹簋,《集成》4074)

(3) 公臣捧(拜)頴(稽)首,敢扬天尹不(丕)显休。用乍(作)尊簋,公臣其万年,永宝兹休。(公臣簋,《集成》4184)

(4) 狶对扬王休,用作宝器,万年以(与)厥孙子宝用。(狶簋,《集成》4192)

(5) 友对扬王休,用作厥文考尊簋,友暨厥子子孙孙永宝。(友簋,《集成》4194)

铜器是为他人而作的,即铜器的持有者不是作器者,这类铜

---

① 詹鄞鑫:《神灵与祭祀》,江苏古籍出版社,2000年,第195页。
② 张二国:《两周时期诸神的权能》,《湖南师范学院学报》(人文社科版)2002年第3期。

器相对较少，或曰赠器。如：

（6）叔噩父作鐈姬旅簠，其凤夜用享孝于皇君，其万年永宝用。（叔噩父簠，《集成》4056）

（7）余用作朕后男腊尊簠，其子子孙孙永宝用享。（师袁簠，《集成》4313）

（8）蔡姞作皇兄尹叔尊将彝，尹叔用妥多福于皇考德尹、更姬，用匄（丐）眉寿、绰绾、永令（命）、弥厈（厥）生，霝（令）冬（终），其万年无强（疆），子子孙孙永宝用言（享）。（蔡姞簠，《集成》4198）

（9）唯王五月，辰才（在）丙戌，室吊（叔）乍（作）丰姞惢旅簠，丰姞惢用宿夜言（享）考（孝）于諴公，于室吊（叔）朋友，兹簠猒皀。亦寿人。子孙其永宝用。（室叔簠，《新收》1957）

上揭铜器的作器对象即是祭祀者，这在后两例中更明显地表现出来。这4例的祝嘏辞中没有再说明别的受福者，祈福者（作器对象）及其子孙就是受福者。有些明文中的受福者还有作器者的上司，为之祈福主要是因为他们有恩德于自己。如：

（10）侯万年寿考黄耇，耳日受休。（耳尊，《集成》6007）

（11）齐辟鲍叔之孙，齐仲之子㝣作子仲姜宝镈，用祈侯氏永命万年，㝣保其身。（㝣镈，《集成》271）

（12）天子其万年眉寿，畯永宝四方，配皇天。（南宫乎钟，《集成》181）

（13）天子其万年无疆，保辥周邦，畯尹四方……克其万年无疆，子子孙孙永宝用。（大克鼎，《集成》2836）

（14）天子其万年眉寿、黄耇，畯在位。俞其蔑历，日赐鲁休。余敢对扬天子丕显休，用作宝，其万年永保，臣天子。（师俞簠盖，《集成》4277）

(15) 用夙夜明享于邵伯日庚，天子万年，百世孙孙子子受氒（厥）屯（纯）鲁，白（伯）姜日受天子鲁休。(伯姜鼎，《集成》2791)

先为天子祝嘏，再为自己祝嘏，这主要是由于西周时周室还比较强大，是名副其实的天下共主，作器者还需要依赖天子来加强和巩固自己的地位。到了东周，这种情况就再也看不到了。

第四章　祝嘏目的及用辞研究

周人铸造铜器以祭祀祖先是有功利性目的的,这在祝嘏辞中得到了集中的体现。"总的来说,周人祈求赐予他们的福祐包括平安、长寿、政治事业成功,等等,覆盖面较广,从个人到家族,从生命到权力,都囊括其中。"①

一、泛称意义上的福

趋吉避凶,渴望和祈求福禄是人的本能,在周人看来,福禄主要来自天神、祖先,因此他们敬天祭祖,并在铜器上铸刻相关祝嘏辞。《洪范》有"五福"之说,可见福的种类很多,但不一定五者皆备方可谓福。当人们不能确定要求哪方面的福的时候,或者欲得诸福时,便使用"福""禄""休""佑"等有泛称意义的词。从下面众多辞例中就可以看到,在金文祝嘏辞中,"福"的用法、用例都是最多的,但在春秋已有所减少("休""禄""佑""鲁"也是如此),有些用法带有明显的时代特征,如"祜福"仅见于春秋行器,等等。

（一）福

甲骨文"福"字从丁、亍,从🍶。丁代表祖先神主,🍶即

---

① 刘源:《商周祭祖礼研究》,商务印书馆,2004年,第299页。

· 121 ·

西,为酒坛子的形象,整个字就是将装酒的酒坛置于神主前。有的"福"字在🙏下有双手形,陈炜湛将其解释为以手捧尊献祭于神主前,祈求祖先保佑,基本义是祝福、祷祝①。由祝福引申,祭祀的酒肉也叫福(或者胙),祭后分送酒肉则称致福、归福。金文中的"福"又有加"宀"的,或兼加"宀""玉"的。金文中,"福"大多用作名词,徐中舒先生说:"福为一切幸福之总名,《礼记·祭统》云:'福者备也,备者百顺之名也,无所不顺者谓福。'"②《尚书·洪范》有"五福"说,即寿、富、康宁、攸好德、考终命。祝嘏辞中"福"的用例主要有:

1. 福(名词)

(1) 唯用妥③福,虩(于)寿(前)文人。(善鼎,西周中期,《集成》2820)

(2) 其万年子子孙孙用享孝,受福。(命父瑚簋,西周晚期,《集成》3925)

(3) 不(丕)显皇祖,其作(胙)福元孙,其万福屯(纯)鲁。(叔尸钟,春秋晚期,《集成》277)

(4) 用实旨酒,侯氏受福眉寿,卑旨卑清,侯氏毋咎毋疠,齐邦甗静安宁,子子孙孙,永宝用之。(国差𦉢,春秋,《集成》10361)

(5) 敬氒(厥)盟祀,永受其福。(王子午鼎,春秋,《集成》2811)

(6) 中(仲)大(太)师乍(作)孟姬馈鼎,用匽(宴)旨

---

① 陈炜湛:《杯中酒不空——说福和富》,《语文建设》1985 年第 2 期。
② 徐中舒:《金文嘏辞释例》,《徐中舒历史论文选辑》,中华书局,1998 年,第 539 页。
③ "妥",文献多作"绥"。徐中舒先生考证认为妥、堕古"同属透母鱼部","故得相通",因此可释"妥""绥"为降义,说见徐中舒:《金文嘏辞释例》,《徐中舒历史论文选辑》,中华书局,1998 年,第 517 页。

飤，开寿妥（绥）福，宜教允异。（仲太师鼎，西周晚期，《铭图》2196）

（7）白（伯）硕父申姜其受万福无强（疆），蔑天子六[历]，其子子孙孙永宝用。（硕父鼎，西周晚期，《铭图》2438）

（8）譱（善）敢撵（拜）頧（稽）首，对扬皇天子不（丕）杯（丕）休，用乍（作）宗室宝尊，唯用妥（绥）福，唬（于）毒（前）文人，秉德共（恭）屯（纯），余其用各我宗子雫（零、与）百生（姓）。（善鼎，西周中期，《集成》，2820）

2. 多福

"多福"一词，古籍中习见，如《书·毕命》："予小子永膺多福。"《诗·大雅·文王》："永言配命，自求多福。"汉班固《东都赋》："猗欤缉熙，允怀多福。"晋陆机《五等论》："经始权其多福，虑终取其少祸。"多福常用作祝颂之词。

（9）用妥（绥）多福，世孙子宝。（宁簋盖，西周早期，《集成》4021）

（10）尹叔用妥（绥）多福于皇考德尹、叀姬，用匄（丐）眉寿、绰绾、永令（命）、弥氒（厥）生、霝（令）冬（终），其万年无强（疆），子子孙孙永宝用言（享）。（蔡姞簋，西周晚期，《集成》4198）

（11）舀用匄（丐）万年眉寿，永令多福，子子孙孙其永宝用。（舀壶盖，西周中期，《集成》9728）

（12）先王其严在上，降余多福，義義數數，福余顺孙，参（三）寿唯利，默（胡）其万年畯保四或（国）。（默钟，西周晚期，《集成》260）

（13）用黎保我家、朕位、默身，陀陀降余多福。（默簋，西周晚期，《集成》4317）

（14）用匄（丐）眉寿、多福，畯臣天子，万年唯极，子子

孙孙永宝用。(伯梁其盨,西周晚期,《集成》4446)

(15) 用祈多福,用匄(丐)永令(命),虘其永宝用享。(大师虘豆,西周晚期,《集成》4692)

(16) 用祈多福,眉寿无强(疆),畯臣天〔子〕,其百子千孙,其万年无强(疆),其子子孙孙永宝用。(梁其鼎,西周晚期,《集成》2768)

(17) 用祀用乡,多福滂滂,用祈眉寿,万年无疆,子子孙孙,永宝是尚(常)。(冶仲考父壶,春秋早期,《集成》9708)

(18) 用祈眉寿、永令(命)、多福,永宝用。(姬寏母豆,春秋,《集成》4693)

(19) 用祈多福,愆其万年眉寿,永宝用享。(鲁伯悆盨,春秋,《集成》4458)

(20) 掠用祈眉寿多福,万年无疆,子子孙孙,永保用享。(邾大宰钟,春秋,《集成》86)

3. 鲁多福、鲁福

《史记·周本纪》:"周公受禾东土,鲁天子之命。"裴骃《集解》引徐广曰:"《尚书序》云'旅天子之命'。"按,今本《书·微子之命》:"周公既得命禾,旅天子之命,作《嘉禾》。"孔传:"已得唐叔之禾,遂陈成王归禾之命,而推美成王。"据此可知,"鲁"有陈述之义,铜器铭文中之"鲁多福"之"鲁"亦当为此义。

(21) 皇考其严在上,數數 𤾰𤾰,降余鲁多福亡(无)疆,唯康右(佑)屯(纯)鲁,用广启士父身,勖于永命。士父其眔□□万年,子子孙孙永宝用享于宗。(士父钟,西周晚期,《集成》148)

(22) 逨敢对天子不(丕)显鲁休扬。用乍(作)朕(朕)皇且(祖)考宝尊般(盘),用追亯(享)考(孝)于歬(前)

文人，耇（前）文人严才（在）上，廙（翼）才（在）下，數數霝霝，降逨鲁多福，眉寿黆（绰）绾，受（授）余康虞，屯（纯）右（佑）通录（禄），永令（命）霝（令）冬（终），逨畯臣天子，子孙孙永宝用亯（享）。（逨盘，西周晚期，《新收》757）

（23）□□□作朕皇考吊（叔）氏宝林钟，用喜馈侃皇考。皇考其严在上。數數夒夒（霝霝），降余鲁多福亡（无）强（疆）。隹（唯）康右（佑）屯（纯）鲁，用广启士父身，勖于永命。士父其眔□□万年，子子孙孙永宝用亯（享）于宗。（士父钟，西周晚期，《集成》145）

（24）启从征，堇（谨）不扰乍（作）且（祖）丁宝旅尊彝，用匄（丐）鲁福，用夙夜事。（启卣，西周早期，《集成》5410）

（25）用匄（丐）偁鲁福，用妥（绥）猶（福）禄。（或者鼎，西周中期前段，《集成》2662）

4. 厚多福、厚福

（26）严才（在）上，數數夒夒（霝霝），融妥（绥）厚多福，广启瘨身，勖于永命，褱受余尔黼福。（瘨钟，西周晚期，《集成》246）

（27）其严才（在）上，數數夒夒（霝霝），降余厚多福无强（疆）。（刊人妄钟，西周晚期，《集成》110）

（28）用喜（馈）侃耇（前）文人，耇（前）文人墉厚多福，用申恪先王，受皇天大鲁令（命）。（默钟，西周晚期，《集成》358）

（29）上帝司蠥尤保，受天子绾令、厚福、丰年，方蛮亡（无）不踝见。（史墙盘，西周中期前段，《集成》10175）

5. 大福、大鲁福

（30）以匽（宴）皇公，以受大福、屯（纯）鲁、多厘，大寿万年。(秦公镈，春秋早期，《集成》267)

（31）其万年无疆，子子孙孙永受大福用。(薛侯盘，西周晚期，《集成》10133)

（32）王子剌公之宗妇郜嫛，为宗彝鬶彝，永宝用，以降大福，保辥郜国。(宗妇郜嫛鼎，春秋，《集成》2683)

（33）齐吊（叔）姬乍（作）孟庚宝般（盘），其万年无强（疆），子子孙孙永受大福用。(齐叔姬盘，西周晚期，《集成》10142)

（34）皇祖考其严在上，龕龕（巖巖）斁斁，降余大鲁福亡（无）罢，用匃光梁其身，勋于永命。(梁其钟，西周晚期，《集成》188)

（35）唯曾白（伯）陭乃用吉金鐈（鉴），用自乍（作）醴壶，用卿（飨）宾客，为德无叚（瑕），用孝无言（享），用匃（赐）眉寿，子子孙孙，永受大福无强（疆）。(曾伯陭壶，《集成》9712)

（36）穆穆，懿歈不簪，绍匹晋侯，用龏（龚）王令（命）。今余弗叚法其顈光，对扬其大福。(戎生钟丙，春秋早期，《近出》29)

（37）氒（厥）龢（和）钟，灵音锗锗雍雍，以匽（宴）皇公，以受大福，屯（纯）鲁多厘，大寿万年。(秦公钟，春秋早期，《集成》266)

上文的"厚多福""鲁多福""大鲁福"三者结构形式相同，且于句前均有套语"严在上""龕龕（巖巖）斁斁"，就目前来看，铭文中出现此种结构的时代多为西周晚期。

6. 永福

"永福"一词,古籍比较常见,多为祈福之辞,如《汉书·礼乐志》:"慈惠所爱,美若休德。杳杳冥冥,克绰永福。"金文中亦有"永福",如:

(38)卫肇乍(作)氒(厥)文考己中(仲)宝簋,用莽(求)寿,匄(丐)永福,乃用卿(飨)王出入事(使)人,眔多佣(朋)友,子孙永宝。(卫鼎,《集成》2733)

(39)白(伯)陶乍(作)氒(厥)文考宫弔(叔)宝簋彝,用匄(丐)永福,子子孙孙其永宝。(伯陶鼎,《集成》2630)

(40)中(仲)樊乍(作)氒(厥)文考宫弔(叔)宝簋彝,用匄(丐)永福,子子孙孙其永宝。(仲樊簋,《新收》322)

(41)□乍(作)氒(厥)穆穆文且(祖)宝尊彝,其用夙夜盲(享)于氒(厥)大宗,其用匄(丐)永福,迈(万)年子子孙孙宝。(作厥文祖尊,《集成》5993)

7. 福禄

"福禄"一词古今习见,常用来表达人们对幸福与爵禄的追求。如《诗·大雅·凫鹥》:"公尸燕饮,福禄来成。"《后汉书·马武传》:"有功,辄增邑赏,不任以吏职,故皆保其福禄,终无诛谴者。"唐白居易《论亲友》诗:"烦闹荣华犹且过,优闲福禄更难销。"

(42)觯史殿乍(作)宝壶,用禋祀于兹宗室,用追福录(禄)于兹先申(神)、皇且(祖)、盲(享)弔(叔),用易(赐)眉寿无强(疆),用易(赐)百福,子子孙孙,其迈(万)年永宝用盲(享)。(觯史殿壶,《集成》9718)

(43)或者乍(作)旅鼎,用匄(丐)偁鲁福,用匄(丐)偁鲁福,用妥(绥)牅(福)禄。(或者鼎,《集成》2662)

（44）丼（邢）吊（叔）吊（叔）釆乍（作）朕文且（祖）穆公大钟，用喜（禧）乐文神人，用祈福禄寿繇（繁）鲁，其子孙孙永日鼓乐，兹钟其永宝用。(邢叔钟，《集成》356)

（45）墙弗敢沮，对扬天子不（丕）显休令（命），用乍（作）宝尊彝，剌（烈）且（祖）、文考，弋（式）贮受（授）墙尔黼福，褱（怀）媰（福）彔（禄）、黄耇、弥生，堪事氒（厥）辟，其万年永宝用。(墙盘，《集成》10175)

（46）癫趄趄（桓桓）夙夕圣趣，追孝于高且（祖）辛公、文且（祖）乙公、皇考丁公穌（和）林钟，用卲（昭）各（格）喜（禧）侃乐肯（前）文人，用榛（求）祓寿，匄（丐）永令（命），绰绾媰（福）彔（禄）屯（纯）鲁，弋皇且（祖）考高对尔烈严才（在）上，丰丰數數，融（融）妥（绥）厚多福，广启癫身。(癫钟，《集成》246)

8. 永祜福

（47）曾子白（伯）誩铸行器，尔永祜福。(曾子伯誩鼎，春秋早期，《集成》2450)

（48）曾子㝅自作行器，则永祜福。(曾子㝅簠，春秋晚期，《集成》4528)

（49）子叔牧父作行器，永古（祜）畐（福）。(叔牧父簠盖，春秋晚期，《集成》4544)

（50）伯强为皇氏伯行器，永祜福。(伯强簠，春秋时期，《集成》4526)

（51）用率用［征］，佳（唯）之百［姓］，雩之四方，永乍（作）祜［福］。(作䚤□匜，春秋时期，《集成》10260)

（52）黄君孟自乍（作）行器⺱，子孙则永祜福。(黄君孟鼎，春秋时期，《集成》2497)

（53）曾亘嫚非彔为尔行器，尔永祜福。(曾旦嫚鼎，春秋时

期,《新收》1201)

(54) 黄子乍(作)黄甫(夫)人行器,则永祜福,霝(令)冬(终)霝(灵)后。(黄子鬲,春秋时期,《集成》687)

(55) 曾孟嬴剸自乍(作)行簠,则永祜福。(曾孟嬴簠,春秋早期,《新收》1199)

杨树达先生云:"余按古音则与载同,则永祜福即载永祜福也。祜通训为福,祜福同义联文,义自可通。然贾子《新书·礼篇》云:'祜,大福也。'然则祜福盖谓大福也。《仪礼·士冠礼》加冠祝辞云:'眉寿万年,永受胡福。'胡福亦谓大福也。《周书·谥法解》及《广雅·释诂一》并云:'胡,大也。'祜与胡同从古声,并有大义,铭文之'则永祜福',即《仪礼》之'永受胡福'也。"① 金文"祜福"的用法目前仅见于春秋行器。

9. 无疆福、无疆覭福

铜器铭文中"无疆福"比较少见,但"福无疆"之语则比较常见,相关辞例如:

(56) 弭中(仲)受无强(疆)福。(弭仲簠,西周晚期,《集成》4627)

(57) 用孝用享,用祈福无强(疆)。(曾师季韩盘,春秋,《集成》10138)

(58) 虢姜其万年眉寿,受福无强(疆),子子孙孙永宝用亯(享)。(虢姜簋盖,西周晚期,《集成》4182)

(59) 㠱公作为子叔姜縢盥壶,眉寿万年,永宝其身,它它熙熙,受福无期,子孙永保用之。(㠱公壶,春秋,《集成》9704)

(60) 侯母乍(作)侯父戎壶,用征行,用求福无强(疆)。

---

① 杨树达:《积微居金文说》(增订本),中华书局,2004年,第130页。

（侯母壶，春秋早期，《集成》9657）

"无疆"作为修饰语在"福"前，作为谓语则在"福"后。在"祈福无疆"这种格式中，"福"是作为兼语存在的。

（61）义文神无强（疆）親福，用寓光癲身，永余宝。（癲钟，西周晚期，《集成》246）

"親福"，文献作"景福"，如《小雅·楚茨》："以妥以侑，以介景福。"《大雅·既醉》："君子万年，介尔景福。"《尔雅·释诂上》："景，大也。"

10. 尔黻福①

（62）刺（烈）且（祖）、文考，弋（式）貯受（授）墙尔黻福，褱（怀）㷿（福）彔（禄）、黄耇、弥生，堪事氒（厥）辟，其万年永宝用。（史墙盘，西周中期，《集成》10175）

（63）䚻（融）妥厚多福，广启癲身，勛于永命，褱受余尔黻福。（癲钟，西周晚期，《集成》246）

11. 百福、万福

百福犹多福，《诗·大雅·假乐》："干禄百福，子孙千亿。"《墨子·鲁问》："今以一豚祭，而求百福于鬼神。"

（64）用追福录（禄）于兹先申（神）、皇且（祖）、亯（享）弔（叔），用易（赐）眉寿无疆，用易（赐）百福，子子孙孙其万年永宝用亯（享）。（輄史斞壶，西周晚期，《集成》9718）

（65）南姞庸乍（作）氒（厥）皇辟白（伯）氏宝蘁彝，用匄（丐）百福，其万年孙子子永宝用。（南姞甗，《铭图》3355）

---

① 于省吾先生以为"尔""黻"为繁华鲜明之义，说见于省吾：《墙盘铭文十二解》，《古文字研究》第5辑，1981年，第15~16页；裘锡圭先生则云"黻福"即大福。说见裘锡圭：《史墙盘铭解释》，《文物》1978年3期，第30~31页）。

(66) 獄肇乍（作）朕文考甲公宝蘁彝，其日夙夕用㽙（厥）馨香享示（祀）于㽙（厥）百神，亡（无）不鼎燹（幽）夆，馨香则登于上下，用匄（丐）百福，迈（万）年俗（裕）兹百生（姓），亡（无）不临鲁，孙孙子其迈（万）年永宝用兹彝，其世母（毋）塱（忘）。（獄簋，《铭图》5275）

(67) 卫用肁（肇）乍（作）朕文考甲公宝蘁彝，其日夙夕用㽙（厥）馨香享祀于㽙（厥）百神，亡（无）不则燹（幽）夆，馨香则登于上下，用匄（丐）百福，迈（万）年俗（裕）兹百生（姓），亡（无）不鲁，孙孙子子其万年永宝用兹王休。（卫簋，《铭图》5368）

(68) 用旂（祈）眉寿，霝（灵）命难老，不（丕）显皇祖，其乍（祚）福元孙，其万福屯（纯）鲁，龢（和）协而（尔）又（有）事，卑（俾）若锺（钟）鼓。（叔尸钟，春秋晚期，《集成》277）

徐中舒先生还举有"害福"之例，《诗经》有"介福"之例，均大福之义。总之，金文"福"字之使用，以西周为多，其中又多以"多福"的形式出现。祈福、赐福所用的动词主要有"匄""降""受""祈""妥""易"等，其中又以"匄""降"最多。

(二) 禄

金文"录"，经典作"禄"，《说文》以"福"释"禄"。徐中舒先生认为"禄"之本义当为俸禄，并云："《韩非·解老》云：'禄也者，人之所以持生也。'盖有禄则足以持（支持）生，无禄则不足以持生，故人死则曰不禄，曰无禄。"[①] 铜器铭文中"禄"主要用例如下：

---

① 徐中舒：《金文嘏辞释例》，《徐中舒历史论文选辑》，中华书局，2004年，第547页。

1. 通禄

（1）虢姜乍（作）宝尊簋，用禈（祈）追孝于皇考惠（惠）中（仲），祈匄（丐）康龢、屯（纯）右（佑）、通录（禄）、永令（命），虢姜其万年眉寿，受福无强（疆），子子孙孙永宝用亯（享）。（虢姜簋盖，西周晚期，《集成》4182）

（2）用卲（昭）各（格）喜侃毳（前）文人，用祈匄（丐）康龢、屯（纯）右（佑）、绰绾通录（禄），皇且（祖）考其严才（在）上，数数簋簋，降余大鲁福亡（无）斁，用璱光汈（梁）其身，擢于永令（命）。（梁其钟，西周晚期，《集成》190）

（3）敢乍（作）文人大宝协龢（和）钟，用追孝享祀卲（昭）各乐大神，大神其陟降严祜，业妥（绥）厚多福，其丰丰数数，受余纯鲁、通禄、永命、眉寿令终，瘨其万年，永宝日鼓。（瘨钟，西周晚期，《集成》247）

（4）颂敢对扬天子不（丕）显鲁休，用乍（作）朕皇考龏（恭）吊（叔）、皇母龏（恭）始（姒）宝尊簋。用追孝，祈匄（丐）康龢、屯（纯）右（佑）、通彔（禄）、永令（命）。颂其万年眉寿无强（疆），畯臣天子霝（令）冬（终），子子孙孙永宝用。（颂簋，西周晚期，《集成》4338）

（5）逨敢对天子不（丕）显鲁休扬，用乍（作）薰彝，用亯（享）孝于毳（前）文人，其严才（在）上，趩（翼）才（在）下，穆秉明德，丰丰数数，降余康龢屯（纯）右（佑）通录（禄）永令（命），眉寿綽绾，畯臣天子，逨其万年无强（疆），子子孙孙永宝用亯（享）。（逨盘，《铭图》2501）

（6）琱生对扬朕宗君休，用乍（作）召公尊□，用祈通录（禄）得屯（纯），霝（灵）冬（终），子孙永宝用世亯（享）。（琱生尊，《铭图》11816）

（7）受（授）余通录（禄），庚（康）龢、屯（纯）右

(佑），广启朕身，擢于永令（命），用寓光我家，受□。（通录钟，《集成》64）

2. 百禄、纯禄

（8）隹（唯）六年八月初吉己子（巳），史白（伯）硕父追考（孝）于皇考厘中（仲）、王（皇）女（母）泉女（母）尊鼎，用祈匄（丐）百录（禄）、眉寿、绾绰、永令（命），万年无强（疆），子子孙孙，永宝用喜（享）。（史伯硕父鼎，西周晚期，《集成》2777）

（9）用乍（作）朕皇考武乖几王尊簋，用好（孝）宗朝（庙），喜（享）夙夕，好朋友雩（粤、与）百者（诸）婚遘（媾），用祈屯（纯）录（禄）、永命，鲁寿子孙，归乌其迈（万）年，日用喜（享）孝于宗室。（乖伯簋，西周晚期，《集成》4331）

铜器铭文中亦有"福禄"，上文已有指出，此不再赘述。另外，徐中舒先生还指出金文中有"利禄""眉禄"的用法。除"福""禄"之外，金文亦有"屯鲁""休""厘"等用法，如：

a. 屯鲁

徐中舒先生在《金文嘏辞释例》中释"鲁"为大、厚，认为"屯鲁"即大福、全福。甲骨文"鲁"从"鱼"从"口"，故《汉语大字典》引阮元语云："鲁本义盖为嘉，从鱼入口，嘉美也。"金文"屯鲁"的使用以西周较多，所用动词主要有"祈""受"等，相关铭文如：

（10）天子万年，百世孙孙子子受毕（厥）屯（纯）鲁，白（伯）姜曰受天子鲁休。（伯姜鼎，西周早期，《集成》2791）

（11）用祈眉寿屯（纯）鲁，子子孙孙永宝用。（犀盨，西周晚期，《集成》4436）

（12）用祈福禄寿耇鲁，其子子孙孙永日鼓乐兹钟，其永宝用。（邢叔钟，西周中期，《考古》1986年1期第25页）

（13）用祈康巤、屯（纯）鲁。（昊生钟，西周晚期，《集成》105）

（14）用祈纯鲁、永命，用匄（丐）眉寿无疆，师丞其万年，永宝用享。（师丞鼎，西周晚期，《集成》141）

（15）余用匄（丐）屯（纯）鲁霝万年，其永宝用之。（善鼎，西周中期，《集成》2820）

（16）皇考其严在上，敷敷䜣䜣，降余鲁多福亡（无）疆，唯康右（佑）屯（纯）鲁，用广启士父身，勋于永命。（士父钟，西周晚期，《集成》148）

（17）以卲（昭）皇祖，其严洓各，以受屯（纯）鲁多釐、眉寿无疆，唆毚在天，高引有庆，灶囿四方。（秦公簋，春秋早期，《集成》4315）

（18）其作福元孙，其万福屯（纯）鲁。（叔尸钟，春秋晚期，《集成》285）

b. 釐

《史记·孝文本纪》："今吾闻祠官祝釐，皆归福朕躬，不为百姓，朕甚愧之。"裴骃《集解》引如淳曰："釐，福也。"清冯桂芬《上海重建武帝庙记》："东偏万寿宫前后六楹，为岁时祝釐之所。"

（19）其皇才（在）上，降余多福、綔（繁）釐，广启禹身，擢于永令（命），禹其迈（万）年永宝用。（叔向父禹簋，西周晚期，《集成》4242）

（20）以卲（昭）皇祖，其严洓各，以受屯（纯）鲁多釐、眉寿无疆，唆毚在天，高引有庆，灶囿四方。（秦公簋，春秋早期，《集成》4315）

(21) 以匽（宴）皇公，以受大福、屯（纯）鲁、多釐，大寿万年。（秦公镈，春秋早期，《集成》267）

(22) 用祈眉寿繁釐于其皇祖皇考，若召公寿，若参（三）寿。（者𣨙钟，春秋，《集成》196）

除"繁釐""多釐"外，大克鼎（西周晚期，《集成》2836）还有"赐釐无疆"之语，与"祈福无疆"类似。《说文》云："釐，家福也。"

3. 休

"休"有喜庆、美善、福禄之义。《诗·小雅·菁菁者莪》："既见君子，我心则休。"郑玄笺："休者，休休然。"王引之《经义述闻·毛诗上》"我心则休"："家大人曰：《菁菁者莪》篇：'我心则喜''我心则休'。休亦喜也，语之转耳。《笺》曰：'休者，休休然。'休休犹欣欣，亦语之转也。"《左传·襄公二十八年》："以礼承天之休。"杜预注："休，福禄也。"唐李峤《晚秋喜雨》诗："九农欢岁阜，万宇庆时休。"王闿运《鄱阳黄君墓志铭》："伊勇昭孝，天休允终。"

(23) 天子其万年眉寿、黄耇，畯在位，俞其蔑历，日赐鲁休。（师俞簋盖，西周中期，《集成》4277）

(24) 用祈眉寿鲁休，鲜其万年子子孙孙永宝用。（毕鲜簋，西周中期，《集成》4061）

(25) 用赐康勔、鲁休、屯（纯）右（佑）、眉寿、永令（命）、霝（令）终。（微𤔲鼎，西周晚期，《集成》2790）

(26) 侯万年寿考黄耇，耳日受休。（耳尊，西周，《集成》6007）

(27) 余其永万年宝用，子子孙孙，其帅井受兹休。（录伯䟒簋盖，西周中期，《集成》4302）

(28) 降克多福，眉寿永令（命），畯臣天子，克其日赐休无

疆。(善夫克盨，西周晚期，《集成》4465)

（29）公臣其万年，用宝兹休。(公臣簋，西周晚期，《集成》4184)

（30）驹父起万年永用多休。(驹父盨盖，西周晚期，《集成》4464)

甲骨文"休"字象人依木而息，引申而有美、嘉、吉、福等义。上揭例中，"受休""赐休无疆"可与"受福""祈福无疆"诸例对照。金文还有"子孙休用"（猷尊，西周中期，《集成》5981）、"仲大师小子休盨"（仲大师小子休盨，西周晚期，《集成》4397）的用法，与"宝"意义接近。更多情况下，"休"用于"对扬某休"这种称扬套语中。进入东周，"休"的用例锐减，这很可能就因为"休"含有荫庇之义，而没落的周王室却难以如从前一样给与荫庇。

4. 佑

金文"佑"多假"右"为之。朱骏声《说文通训定声》云："据许书，凡助为右，神助为佑，其实佑即右之变体，加示耳。"可引申指福。东周"佑"之用例亦少。金文中相关辞例如：

（31）用䤲（馈）王父、王母，它它（施施）受兹永命、无疆屯（纯）右（佑）。(伯康簋，西周晚期，《集成》4060)

（32）受（授）余通录（禄）、康㠱、屯（纯）右（佑），广启朕身，勖于永令（命）。(通录钟，西周中期、晚期，《集成》64)

（33）用易（锡）眉寿、屯（纯）右（佑）、康勖，万年无疆，子子孙孙永宝用享。(仲㝬父簋，西周晚期，《集成》4189)

（34）用赐康勖、鲁休、屯（纯）右（佑）、眉寿、永令（命）、霝（令）终。(微䜌鼎，西周晚期，《集成》2790)

（35）皇考其严在上，数数㝬㝬，降余鲁多福亡（无）疆

唯康右（佑）屯（纯）鲁，用广启士父身，勴于永命。（士父钟，西周晚期，《集成》148）

（36）用作大孟姬䞓彝缶，禋享是以，祗盟尝啇，佑受无已。（蔡侯尊，春秋晚期，《集成》6010）

二、关于个人的平安、长寿

前文已指出，在西周，金文祝嘏辞的祈匄对象是祖先，祖先可以降福给子孙，使之长寿。如：

（1）宁肇其作乙考尊簋，其用各百神，用妥（绥）多福，世孙子宝。（宁簋盖，《集成》4021）

此处"福"为泛指，当亦包括个人之安宁、长寿，而宁的祈匄对象则是其"乙考""百神"（亦指其祖先）。约为康世的卫鼎（《集成》2733）则云："用萃（求）寿，匄（丐）永福。"此鼎是卫为祭祀其文考而作，这里不仅说求福，更明确说明要"萃（求）寿"，祖先的权能似乎更加具体了。其实，约为昭世器的它簋、耳尊就有"福""寿"的说法，只不过这里的"寿"不是为自己求的，如：

（2）其乩哀乃沈子也唯福，用水（乞）霝（灵）令（命），用妥（绥）公唯寿。（它簋，《集成》4330）

（3）侯万年寿考黄耇，耳日受休。（耳尊，《集成》6007）

进入东周，周王室失去了天下共主的地位，诸侯、大夫僭越礼制的情况屡有发生，天的祭祀也不再为周王所独专，于是，在金文中就出现了以天为祈匄对象的祝嘏辞。据张二国先生研究，春秋时期，天帝的权能几乎囊括了所有方面（除了出行和宫室修建）①，自然天帝也能主宰人的身体健康状况和寿命的长短。如春秋晚期的徐王义楚觯"徐王义楚择尔吉金，自酢（作）祭鍴（觯），用言（享）于皇天，及我文考，永保台身，子孙宝"（《集成》6513）。即兼以天和祖先为祈句对象，以求保佑自己。

同时，春秋时期人们认为还有别的神灵可以影响人的生命。杜正胜先生认为："春秋以后，天帝关怀的层面渐广，层次渐深，涉及事务必定倍加繁冗，不能再像西周时期只管周王室的国祚。天帝既无法事必躬亲，代他主司人世命运的臣工遂应运而生。"句芒就是主生的帝臣②。詹鄞鑫先生则据甲骨文中的"帝五玉臣"语，认为商代已有帝臣的观念，其五帝神也就成为后来战国时的五方神，句芒即为其中之一③。另外，山川神也可以影响人的健康，如《左传·昭公七年》载晋侯有疾，即"并走群望"，以求痊愈。后来掌管人间生命的神主要是司命，在春秋金文中也有反映，如：

（4）齐侯女雷聿丧其舅，齐侯命大（太）子乘遽来句宗白（伯），圣（听）命于天子，曰：期则尔期，余不其事（使）女（汝）受束（刺），遄传淄（祗）御，尔其跻受御，齐侯擇（拜）嘉命，于上天子用璧玉备一笥，于大无司折（誓）、于大司命，用璧、两壶、八鼎，于南宫子用璧二备，玉二笥、鼓钟一鍺，齐侯既跻洹子孟姜丧，其人民都邑堇（谨）宴舞，用从（纵）尔大乐，用铸尔羞鈚（瓶），用御天子之事，洹子孟姜用乞嘉命，用旂（祈）眉寿，万年无强（疆），用御尔事。（洹子孟姜壶，《集

---

① 张二国：《两周时期诸神的权能》，《海南师范学院学报（人文社科版）》2002年第3期。

② 杜正胜：《从眉寿到长生——中国古代生命观念的转变》，《"中央研究院"历史语言研究所集刊》第662分，1995年，第405页。

③ 詹鄞鑫：《神灵与祭祀》，江苏古籍出版社，2000年，第40~44页。

成》9730)

不过，在两周金文中，能给子孙以福祉、保佑作器者并使之长寿的主要还是祖先。《洪范》列有"五福"，第一就是"寿"，《毛诗》中出现"寿"字就有32处之多，《左传》则出现有35处，可见古人对生命、长寿的重视。古人认为祖先可以保佑自己，使自己健康长寿，因此对祖先祭祀、祈祷，这在金文祝嘏辞中有突出的反映。早期的金文并没有凸显出先民对生命的重视程度，直到昭王前后才有祈寿语句的出现，不过不是替自己求的。相关铭文如：

（5）其丮哀乃沈子也唯福，用水（乞）霝（灵）令（命），用妥（绥）公唯寿。（它簋，西周昭世，《集成》4330）

（6）侯万年寿考黄耇，耳日受休。（耳尊，西周昭世，《集成》6007）

"寿""寿考"即有长寿的意思。关于怎样才算长寿，文献中有数种说法。《庄子·盗跖》曰："人上寿百岁，中寿八十，下寿六十。"这在物质生活条件比较差的先秦时代，应是较符合实际的。"黄耇"则是老年人的特征。《论衡·无形》篇云："人生至老，身变者，发与肤也。人少则发黑，老则发白，白久则黄。发之变，形非变也。人少则肤白，老则肤黑，《释名·释长幼》曰：'八十曰耋。耋，铁也，皮肤变黑色如铁也。'黑久则黯，若有垢矣。发黄而肤为垢，《释名》曰：'九十曰黄耇。黄，鬓发变黄也；耇，垢也，皮色骊悴恒如有垢者也。'故《礼》曰：'黄耇无疆。'"然则"黄耇"是较一般的"寿"更为长命的说法。在它簋、耳尊铭文中，为上司祈寿主要是因为作器者受到了上司的赏赐、恩惠，也是为了将来继续受上司的荫庇，因而政治意义明显。但这种祈寿辞毕竟表现出周人生命意识的觉醒，开后世祈寿之先河，因而具有特殊的意义。穆王时的县改簋（《集成》4269）

铭文亦有"易（赐）寿"之语，"是请求长者给自己的祝福"[1]，是在关注自己的生命，政治意义似乎已不是那么强烈了，但却非嘏辞。共王时的祈寿祝嘏辞则已经比较成熟了，如：

（7）剌（烈）且（祖）、文考，弋（式）貯受（授）墙尔䰜福，襄（怀）媣（福）录（禄）、黄耇、弥生，堪事乒（厥）辟，其万年永宝用。（史墙盘，西周共世，《集成》10175）

这里的祈匄对象是祖先，受福者是史墙自己。"弥生"，蔡姞簋（《集成》4198）作"弥厥生"，《诗经·卷阿》作"弥尔性"，"生""性"相通[2]。《诗》有"诞弥厥月""弥月不迟"句，毛《传》释"弥"为"终"；䣄镈（《集成》271）有"余弥心畏忌"语，"弥"可解作"满"[3]。而《说文》无"弥"，但有"镾"，段玉裁的解释是："镾，今作弥，盖用弓部之镾代镾，而又省玉也。弥行而镾废矣。汉碑多作镾可证。镾之本义为久长；其引申之义曰大也，远也，益也，深也，满也，遍也……"故"弥生""近于战国时人说的'终其天年'"[4]。那么，"弥生"就比"黄耇"更为长命，可说是寿之极致。

同时，周人也在追求与"寿"同样为《洪范》"五福"之一的"考终命"。在西周中期，出现了"霝（令）冬（终）"一词，也就是善终的意思。追簋铭文即云：

（8）用祈匄（丐）眉寿永令（命），畯臣天子，霝（令）冬

---

[1] 杜正胜：《从眉寿到长生——中国古代生命观念的转变》，《"中央研究院"历史语言研究所集刊》第66本2分，1995年，第397页。

[2] 傅斯年先生曰："《诗》以性字书之，后人所改写也。此即后人所谓生命。"说见傅斯年：《性命古训辨正》，广西师范大学出版社，2006年，第7页。

[3] 徐中舒：《金文嘏辞释例》，《徐中舒历史论文选辑》，中华书局，1998年，第532页。

[4] 杜正胜：《从眉寿到长生——中国古代生命观念的转变》，《"中央研究院"历史语言研究所集刊》第66本2分，1995年，第432页。

(终)。(追簋,西周中期,《集成》4224)

那么什么是善终呢？杜正胜先生引《礼记》载赵武祈求"全腰领"以从先人入京之事,以及《左传》所记宋穆公临终之言"得保首领以没",认为"能不遭砍头腰斩的刑戮,全身以见人,是人生的一大福分"①。其实,从今人的角度来看,凡非因祸而死的正常死亡皆可谓善终。今人在诅咒别人时还常用"不得好死""不得善终"之恶语,意即希望别人突遭横祸或染恶疾而亡。古人有时并不满足于只求"弥生",或者只求"霝冬",于是就并而求之,如：

（9）用匃（丐）眉寿、绰绾、永令（命）、弥氒（厥）生、霝（灵）冬（终），其万年无强（疆），子子孙孙永宝用㽿（享）。（蔡姞簋,西周晚期,《集成》4198）

这里"眉寿""弥厥生""霝冬"都是有关生命的福,可见,古人也是很贪心的。不过,"眉寿""黄耇""弥生"和"霝冬"都没有不老、不死的意思,而且"黄耇"也说明老必有老态,必然不如青壮年人外表好看、活动方便,在对生命的贪欲心的驱使下,有人想到了"难老",如有铭文作：

（10）用祈匃（丐）眉寿,其万年霝（灵）冬（终）难老。（殳季良父壶,西周晚期,《集成》09713）

（11）以祈眉寿,鲁命难老。（齐大宰归父盘,春秋中期,《集成》10151）

但"难老"也不是不死,于是约在春秋中期前后产生了求不死的观念,如黏镈（春秋中期,《集成》271）铭文作"用祈寿

---

① 杜正胜：《从眉寿到长生——中国古代生命观念的转变》,《"中央研究院"历史语言研究所集刊》第66本2分,1995年,第432页。

老母死，保虡兄弟，用求考命弥生"。由上可知，先秦的生命观念是有一个发展的历程的。

商周之际古人的生命观中，常常祈求长寿，此种情况在铜器铭文尤其是祝嘏铭文中得到了很好的体现，祝嘏铭文中常常出现"寿"字，相关辞例如下。

1. 寿

（12）其孔哀乃沈子也唯福，用水（乞）霝（灵）令（命），用妥（绥）公唯寿。（它簋，西周昭世，《集成》4330）

（13）用襮（祓）寿，匄（丐）永令（命）、绰绾、猎录（禄）、屯（纯）鲁。（癲钟，西周晚期，《集成》246）

（14）公逆其万年有寿，□师□身，孙子其永宝。（楚公逆钟，西周晚期，《集成》106）

2. 三寿

（15）匄（丐）三寿懿德万年。（異仲觯，西周中期，《集成》6511）

（16）先王其严在上，降余多福，亹亹數數，福余顺孙，参（三）寿唯利，㝬（胡）其万年，畯保四或（国）。（㝬钟，西周晚期，《集成》260）

（17）畯保其子孙，参（三）寿是利。（晋姜鼎，春秋早期，《集成》2826）

（18）用祈眉寿繁釐于其皇祖皇考，若召公寿，若参（三）寿。（者㵽钟，春秋，《集成》196－198）

（19）隹（唯）正月初吉丁亥，□□择其吉金，自乍（作）龢（和）钟，龢（和）龢（和）仓仓，子乐父兄，万年无諆（期），□□嘉平，方莘（求）参（三）寿，諆（其）永鼓之，百岁外通，以之韶。（侯古堆镈甲，春秋晚期，《新收》276）

"参"可通"三"。那么何为"三寿"？据金信周先生统计[①]，约有三种观点：第一种是郑玄、孔颖达所持的三卿、三老说；第二种是寿之三等说，即寿有上寿、中寿、下寿之分；最后就是郭沫若先生主张的"参寿"即如参星般长寿。三说各有道理，但都晚于战国，证据也不够充分，故不宜早下定论。

3. 召公寿

（20）用祈眉寿繁厘于其皇祖皇考，若召公寿，若参（三）寿。（者瀘钟，春秋，《集成》196—198）

4. 万年寿

（21）匄（丐）万年寿、孎（令）冬（终）。（遣盉，西周中期，《集成》9433）

万寿：

（22）用祈万寿。（伯百父簋，西周中期，《集成》3920）

（23）其万寿，永宝用。（京叔盨，西周晚期，《集成》4381）

（24）其万寿，子孙永宝用。（筥侯匜，春秋早期，《集成》10232）

（25）用祈万寿，子子孙孙永保用之。（其次句鑃，春秋晚期，《集成》421）

（26）其易（赐）公子孙，迈（万）寿用之。（复公仲壶，春秋，《集成》9681）

徐中舒先生曾认为"万寿"如非省称，即为误读，其出现也不会早于春秋[②]。今日看来，先生之说似尚可商榷。如伯百父簋

[①] 金信周：《两周祝嘏铭文研究》，台湾师范大学硕士论文，2002年，第112~117页。

[②] 徐中舒：《金文嘏辞释例》，《徐中舒历史论文选辑》，中华书局，1998年，第525页。

(《集成》3920)、京叔盨（《集成》4381）的断代不误，则"万寿"的说法当可提前至西周中期前段，而非晚至春秋才出现。另外，《诗经》"万""寿"连言者9例，其中言"万寿无疆"者6例，金文虽不见"万寿无疆"的说法，但言"万寿"者至少也有5例，且可早至西周，则"万寿"为误读的可能性很小。金文言"万年寿"者也有一例，而"寿"字的使用要早于"眉寿"，则"万年寿"也不必定为"万年眉寿"之省。金信周先生以为"万寿"可能即"万年寿"之省[①]，但"万年寿"仅见一例，而言"万寿"者远较此为多，因此也颇为可疑。抑或"万寿"与"三寿"有联系？姑阙疑焉。

5. 眉寿

（27）用祈眉寿鲁休，鲜其万年子子孙孙永宝用。（毕鲜簋，西周中期，《集成》4061）

（28）媿氏其眉寿，万年用。（毳簋，西周晚期，《集成》3932）

（29）其眉寿万年无疆，子子孙孙永宝用。（兮甲盘，西周晚期，《集成》10174）

（30）其眉寿无疆，子子孙孙万年永宝用享。（蔡公子壶，西周晚期，《集成》9701）

（31）其万年眉寿，永宝用。（静叔鼎，西周，《集成》2537）

（32）尹叔用妥（绥）多福于皇考德尹、𦀣姬，用匄（丐）眉寿、绰绾、永令（命）、弥氒（厥）生、霝（令）冬（终），其万年无强（疆），子子孙孙永宝用亯（享）。（蔡姞簋，西周晚期，《集成》4198）

---

① 金信周：《两周祝嘏铭文研究》，台湾师范大学硕士论文，2002年，第110页。

(33) 用追孝,祈匄（丐）康虡屯（纯）右（佑）,通录（禄）永令（命）,颂其万年眉寿无疆,畯臣天子,霝（令）冬（终）。(颂簋,西周晚期,《集成》4332)

(34) 用寓光梁其身,勋于永令（命）,其万年无强（疆）,龔（恭）臣皇王,眉寿永宝。(梁其钟,西周晚期,190)

(35) 其眉寿以䭼（馈）,万年无期。(邾大宰簠,春秋早期,《集成》4623)

(36) 敼（皇）敼（皇）熙熙,眉寿母（毋）已,子子孙孙,永保鼓之。(许子蹠蹠镈,春秋,《集成》153)

(37) 祈眉寿万年无期①,子子孙孙永保用之。(乐子簠,春秋晚期,《集成》4618)

金文嘏辞中,"寿"的用法中以"眉寿"的用例最多,而金文"眉"字也少有不与"寿"连用者。金文祈寿用语"眉寿"的"眉"均非眉毛的"眉"②,而是"䩉（沬）"或其异体。早期金文确有"眉寿"一词（见于眉寿作彝鼎,《集成》1989）,且"眉"为眉毛之眉,作"⿰"，但此"眉寿"却为人名,而非长寿之义。故"眉寿"与豪眉绝无关联。金文祝嘏辞中的寿有"永寿""考寿""鲁寿""万年寿""大寿"等说法,福则有"大福""多福""鲁福""永福"等说法,修饰词皆为大、多、久等义,"眉寿"之"眉"也必同之。学者多以"䩉""麋""眉""弥""镾"音近相通来解释"䩉"的长、久之义。

---

① "无期""万年无期"的说法主要见于东周器。
② 西周中期的彧者鼎（《集成》2662）有"彧录"一词,华东师范大学中国文字研究与应用中心编《金文引得》释"眉录",张亚初先生的《引得》释为"䩉录",读为"福禄"。

6. 永寿

（38）永寿用之。（复公子簠，西周晚期，《集成》4012）

（39）用祈眉寿万年无疆，永寿用之。（原氏仲簠，春秋早期，《新收》397）

（40）用易（赐）永寿，子子孙孙永宝用享。（郜遣簠，春秋早期，《集成》4040）

（41）其万年永寿，用狙万邦。（复公仲簠盖，春秋，《集成》4128）

7. 寿考

（42）侯万年寿考黄耉，耳日受休。（耳尊，西周早期，《集成》6007）

（43）是用寿考。（毛公旅方鼎，西周中期，《集成》2724）

（44）牧其万年寿考。（牧簋，西周中期，《集成》4343）

（45）鬲其寿考万年。（向鬲簋，西周晚期，《集成》4033）

8. 考寿

（46）女考寿万年，永保其身。（叔尸钟，春秋晚期，《集成》278）

（47）不讳考寿，子孙繁昌，永保用之，冬（终）岁无疆。（蔡侯尊，春秋晚期，《集成》6010）

9. 寿老

（48）用祈寿老母（毋）死，保虞兄弟，用求考命弥生。（黏镈，春秋，《集成》271）

（49）其眉寿万年，永保其身，它它熙熙，寿老无期，永保用之。（夆叔匜，春秋早期，《集成》10282）

10. 大寿

(50) 以受大福、屯（纯）鲁、多厘、大寿万年。（秦公镈，春秋早期，《集成》267）

11. 老寿

(51) 狱公孙铸其善敦，老寿用之，大宝无期。（狱公孙敦，春秋，《集成》4642）

12. 鲁寿

(52) 用祈屯（纯）录（禄）、永命，鲁寿子孙。①（乖伯归夆簋，西周晚期，《集成》4331）

此外，金信周先生收有"需寿"的用例②，张亚初先生在《殷周金文集成引得》中读为"眉寿"：

(53) 其万年需□寿黄耇，子子孙孙宝用于新邑。（燮伯盘，西周晚期，《集成》10167）

仔细复核《殷周金文集成》，我们发现，两字之间似乎尚有一字的距离，疑有脱字，待考。

三、关于个人的平安、吉康

周人认为祖先不但能保佑自己长寿，还能使自己免受伤害、生活安宁愉快。如：

(1) 用匄（丐）眉寿、黄耇、吉康。（师㝨父鼎，西周中期，

---

① 张亚初先生在《金文引得》中于"鲁寿"前断句，其实"鲁寿""子孙"与前面的"屯录""永命"并是祈句的内容。

② 金信周：《两周祝嘏铭文研究》，台湾师范大学硕士论文，2002年，第112页。

《集成》2813)

(2) 用祈眉寿、黄耇、吉康。(师器父鼎,西周中期,《集成》2727)

徐中舒先生认为"吉康"就是吉安的意思,也即《洪范》"五福"之一的"康宁"。这里"吉康"与"眉寿""黄耇"并列,可见古人对吉安也是很重视的。

关于祖先能够保佑自己免受伤害的例子如:

(3) 在㽙师,戎伐䓈,敔率有司、师氏奔追𢑴戎于臧林,博戎𢾊,朕文母竞敏䌯行,休宕厥心,永袭厥身,卑克厥啇(敌)……无眈于敔身,乃子敔拜稽首,对扬文母福剌(烈),用作文母日庚宝尊簋,卑乃子敔万年,用夙夜尊享孝于厥文母,其子子孙孙永宝。(敔簋,西周中期,《集成》4322)

这是敔参加征伐,获功后告祖的一段话。在敔看来,战争能够胜利、自己又没有受伤是祖先对自己的保佑,因此作簋祭祀祖先文母,并祈求祖先继续保佑自己。从这个例子可以看出:第一,出征前后要告祖;第二,祭祀对象、祈匄对象可以是女性祖先;第三,祖先能够保佑子孙,使之出行顺利,免受伤害。

在祝嘏辞中,个人祈求祖先对自己加以保护的词语,除了有泛称意义的"福""休"等词外,主要是"保",其用例如下:

(4) 用黹保我家朕位㽙身,陁陁降余多福,宪𨤞宇慕远猷。(默钟,西周晚期,《集成》00260)

(5) 用祈侯氏永命万年,䣛保其身。(䣛镈,春秋,《集成》271)

(6) 用祈眉寿万年,永保其身。(公子土折[①]壶,春秋,《集

[①] 华东师范大学中国文字研究与应用中心编《金文引得》作"公子土斧壶"。

成》9707)

(7) 其眉寿万年，永保其身。（庆叔匜，春秋，《集成》10280)

(8) 其眉寿万年，永保其身。（夆叔盘，春秋早期，《集成》10163)

(9) 其眉寿万年，永保其身，子子孙孙永保用之。（齐侯盂，春秋晚期，《集成》10318)

(10) 眉寿万年，永保其身，它它熙熙，受福无期，子孙永保用之。（㠱公壶，春秋，《集成》9704)

(11) 女考寿万年，永保其身。（叔尸钟，春秋晚期，《集成》278)

(12) 用盲（享）于皇天，及我文考，永保台身，子孙宝。（徐王义楚觯，春秋晚期，《集成》6513)

可以看出，"保"主要用在成语"永保其身"中，且多见于春秋器。值得注意的是，不少用例在"永保其身"前还有"眉寿万年"，也许这就是春秋时保身祝辞的特色。

最后提一下㝬钟、中子化盘：

(13) 唯皇上帝百神，保余小子，朕猷有成亡（无）竞。（㝬钟，西周晚期，《集成》260)

(14) 中子化用保楚王，用正（征）枏（莒），用择其吉金，自作盥盘。（中子化盘，春秋，《集成》10137)

㝬钟里的"保余小子"也是保身，是上帝百神对厉王的保佑，但不是祝嘏辞。而中子化盘中的"用保楚王"则有保护楚王、为楚王效力的意思，不是一般意义的保身。因此，我们不把它们与上面的保身用语放在一起讨论。

四、关于子孙繁昌、家族延续

早期的铜器虽然很多是用来祭祀祖先的，但在铭文中并没有祝嘏辞。大约在康王时期，在铭文里才出现了较短的祝嘏辞，而关于"子子孙孙其永宝"的说法，可以确定的最早的例子不早于昭世[1]。但"子孙永宝"这种嘏辞自产生之日起，便在整个金文祝嘏辞中扮演了极其重要的角色，以至许多简短到几乎只剩下作器辞的铭文也要以之结尾。在祝嘏辞已经获得很大发展的西周中晚期，许多册命铭文中的祝嘏辞却十分精简，以至于省略了祈求寿考的话，但却不忘保留"万年子孙永宝用"[2]。而关注个人生命的祈寿嘏辞，要到穆王时才"逐渐萌芽"[3]，显然晚于"子孙永宝"这种嘏辞的出现。所以如此，绝非偶然，在宗族组织异常活跃的两周，个人生命与宗族生命紧密结合，"其一生不过是宗族生命长河中的一小片段而已。个人也寄生在宗族中，唯有宗族绵延，他才能得到庇护，才可能发展，而他的生命也才有意义"[4]。

前文已说过，"子子孙孙永宝"的表面意思是希望子孙永远宝爱、珍藏，所省略宾语一般指所铸造的铜器，也有的直接给出"宝"的是什么，如"子子孙孙万年永宝簋，勿丧"（量侯簋，《集成》3908）。"宝"不是目的，而是用，于是就有"子孙永宝用""子孙永宝用享"等表达法。"子孙"本身就含有子孙不绝之

---

[1] 彭裕商：《西周青铜器年代综合研究》，巴蜀书社，2003年，第255页。
[2] 刘源：《商周祭祖礼研究》，商务印书馆，2004年，第301页。
[3] 杜正胜：《从眉寿到长生——中国古代生命观念的转变》，《"中央研究院"历史语言研究所集刊》第66本第2分，1995年，第398页。
[4] 杜正胜：《从眉寿到长生——中国古代生命观念的转变》，《"中央研究院"历史语言研究所集刊》第66本第2分，1995年，第394页。

义,"子子孙孙"则加强了语气,有强调作用。"子孙永宝用享"即是希望获得祖先保佑,使子孙有继,宗祀不废。当然,这类嘏辞也含有希望垂名后世或永记恩德等意思,参看第二章关于"祝、嘏之辨"部分。

另外,金文还有"永宝""永用""永宝用(之)"这样的嘏辞,没有说明主语。我们认为这类嘏辞的主语主要是作器者自己,但不能排除还有子孙的可能性。主要相关辞例如下:

1. 子孙

(1) 子孙是尚(常),子孙之宝,用孝用喜(享)。(丰伯车父簋,西周晚期,《集成》4107)

(2) 其子孙用。(大师人鼎,西周晚期,《集成》2469)

(3) 栾叔之子孙,万世是宝。(栾叔缶,春秋,《集成》10008)

(4) 以享以孝于我皇祖,至于子孙,永宝是娱。(虞巢钟,春秋,《新收》1277)

(5) 其万年子孙永宝用。(鄂侯鼎,西周晚期,《集成》2810)

(6) 其万年子孙宝用。(洹秦簋,西周中期,《集成》3867)

(7) 畯保其子孙。(戎生编钟,春秋早期,《近出》27-34)

(8) 子孙是保。(陈逆簋,战国,《集成》4096)

(9) 用征台(以)迮,以御宾(宾)客,子孙是若。(大史申鼎,春秋晚期,《集成》2732)

(10) 用祈屯(纯)录(禄)、永命、鲁寿子孙。(乖伯归夆簋,西周晚期,《集成》4331)

(11) 不讳考寿,子孙繁昌。(蔡侯尊,春秋,《集成》6010)

嘏辞中,"子孙"以作主语为常,作为宾语使用的例子很少。"子孙是保/利/尚/若"这种表达法多见于东周。

2. 子子孙孙①

（12）子子孙孙其永用之。（黾壶盖，西周晚期，《集成》9677）

（13）子子孙孙亡（无）疆宝。（遟父钟，西周晚期，《集成》103）

（14）子子孙孙永寿用之。（殷毂盘，西周中期，《集成》10127）

（15）友暨厥子子孙孙永宝。（友簋，西周中期，《集成》4194）

·（16）子子孙孙多世其永宝。（班簋，西周中期，《集成》4341）

（17）其子子孙孙永宝用。（叔侯父簋，西周晚期，《集成》3802）

（18）其万年子子孙孙永宝用。（叔旦簋，西周晚期，《集成》3819）

（19）其万年子子孙孙永宝用享于宗庙。（南公有司鼎，西周晚期，《集成》2631）

（20）鲁其万年子子孙孙永宝用。（齐生鲁方彝盖，西周，《集成》9896）

（21）用赐康勋、鲁休、屯（纯）右（佑）、眉寿、永令（命）、霝（令）终，其万年无疆，孌子子孙孙永宝用享。（微孌鼎，西周晚期，《集成》2790）

（22）其万年子子孙孙用享孝，受福。（命父瑚簋，西周晚期，《集成》3925）

---

① 黄光武先生认为"子孙孙""子子孙"也都要读为"子子孙孙"，"孙子子""孙孙子子"都要读为"孙孙子子"[《金文子孙称谓重文的释读及启发》，《中山大学学报（社会科学版）》1992年第4期]，我们赞成这种观点。

(23) 其子子孙孙永宝兹烈。（㽙方鼎，西周中期，《集成》2824）

(24) 其万年子子孙孙其永宝用。（伯角父盉，西周中期，《集成》9440）

(25) 子子孙孙永保是尚（常）。（者澅钟，春秋，《集成》194）

3. 孙子

(26) 余其万年㸤，孙子宝。（■方彝，西周早期，《集成》9892）

(27) 其孙子永宝。（荣子旅鼎，西周早期，《集成》2503）

(28) 万年以（与）厥孙子宝用。（䍙簋，西周中期，《集成》4192）

(29) 畯保其孙子，三寿是利。（晋姜鼎，春秋，《集成》2826）

4. 孙孙子子

(30) 其孙孙子子永用。（作父癸尊，西周早期，《集成》5946）

(31) 其孙孙子子其永宝。（宁鼎，西周中期，《集成》2755）

5. 百子千孙

(32) 其百子千孙，其万年无强（疆），其子子孙孙永宝用。（梁其鼎，西周晚期，《集成》2768）

(33) 其百子千孙永宝用，其子子孙孙永宝用。（梁其壶，西周晚期，《集成》9716）

6. 百世孙子

(34) 芊（求）世①孙子毋敢伇（坠），永宝。（趩觯，西周中期，《集成》6516）

(35) 百世孙子永宝。（师遽方彝，西周中期，《集成》9897）

7. 世孙子

(36) 用妥（绥）多福，世孙子宝。（宁簋盖，西周中期，《集成》4021）

(37) 吴其世孙子永宝用。（吴方彝盖，西周中期，《集成》9898）

8. 世万子孙

(38) 世万子孙，永为典尚（常）。（陈侯因𦫆敦，战国，《集成》4649）

(39) 世万孙子，永保鼓之。（王孙遗者钟，春秋，《集成》261）

9. 其他（加下划线者）

(40) <u>世世子孙</u>，永以为宝。（邵黛钟，春秋晚期，《集成》226）

(41) 翏生㝬大婣其<u>百男百女千孙</u>，其万年眉寿，永宝用。（翏生盨，西周晚期，《集成》4459）

(42) <u>子之子，孙之孙</u>，其永保用亡（无）疆。（中山王𰯌方壶，战国，《集成》9735）

(43) <u>妇子后人</u>永宝。（作册夨令簋，西周早期，《集成》4031）

---

① 合文。

(44) 台（以）铸訸（和）钟，台（以）追考（孝）先且（祖），乐我父兄，饮飮诃（歌）舞，孙孙用之，后民是语（娱）。（余赎逨儿钟，春秋晚期，《集成》183）

(45) 后嗣用之。（曾姬无恤壶，战国，《集成》9710）

(46) 后人其庸庸之，毋忘尔邦。（中山王𰯼鼎，战国，《集成》2840）

(47) 女考寿万年，永保其身，卑百斯男，而埶斯字。（叔尸钟，春秋，《集成》285）

(48) 㿋叔罙信姬其寿耇，多宗①、永令（命），㿋叔、信姬其万年、子子孙永宝。（㿋叔鼎，西周晚期，《集成》2767）

五、关于个人、家族政治地位

杜正胜先生曾说过："在宗族组织强韧的社会，荣宗耀祖是第一要务。"② 那么，怎么样才是荣宗耀祖呢？其中最重要的一项就是为宗族赢得荣誉，获得并维持相应的政治地位。在周代，个人的地位、政治权力是和宗族的地位、政治权力紧密联系在一起的，而周人认为祖先能够保佑个人和宗族地位、政治权力的维持，因此，他们对祖先虔诚地祭祀、祈祷。

在金文祝嘏辞中，"永命"是较早出现的与政治相关的词语，且使用也最多，如：

(1) 用匄（丐）万年眉寿，永命多福，子子孙孙其永宝用。（𠭯壶盖，西周中期，《集成》9728）

(2) 其濒在帝廷陟降，䫞𣄹皇帝大鲁令，用龡保我家、朕

---

① "多宗"指宗族分支众多、人口繁盛。
② 杜正胜：《从眉寿到长生——中国古代生命观念的转变》，《"中央研究院"历史语言研究所集刊》第66本2分，1995年，第398页。

位、獻身……用芣（求）寿，匃（丐）永令（命），畯在位，作 甤在下。(獻簋，西周晚期，《集成》4317)

(3) 用易（锡）眉寿、永命，子子孙孙永宝用。(应侯钟，西周晚期，《集成》108)

(4) 用寓光梁其身，勖于永命，其万年无强（疆），龕事皇王，眉寿永宝。(梁其钟，西周晚期，《集成》190)

(5) 其皇才（在）上，降余多福、緐（繁）釐，广启禹身，擢于永令（命），禹其迈（万）年永宝用。(叔向父禹簋，西周晚期，《集成》04242)

(6) 祈匃（丐）康爨、屯（纯）右（佑）、通录（禄）、永令（命）。(虢姜簋盖，西周晚期，《集成》4182)

(7) 以祈眉寿，永命无强（疆）。(许公买簋，春秋晚期，《集成》4617)

上面虽未穷举其例，但可以看出，"永命"多见于西周，可以与"眉寿""多福""通录""屯右"等词并列，可以跟在"祈""匃""易"等动词后。徐中舒先生指出此"永命"非就生命而言，而是"天神或祖先之命（令）"①，是指永久享有一定的政治权利，保有相应职位。不过，上举西周辞例中，只有獻钟铭文中的"永命"才指天命，因为在西周，祀天是周王的特权，只有周王才能配天命。在西周，人王没有"皇帝"的称法，"皇帝"即是天帝，则"大鲁令"就是天命。其实，在西周金文中，凡称"大命"者皆为天命，又如：

(8) 肆文王受兹大命。(何尊，西早，《集成》6014)

(9) 王若曰：乖伯，朕丕显祖文、武，膺受大命……(乖伯

---

① 徐中舒：《金文嘏辞释例》，《徐中舒历史论文选辑》，中华书局，1998年，第530页。

第四章　祝嘏目的及用辞研究

簋，西周晚期，4331）

这里的"大命"显然是周王才能拥有的，也就是天命。周初文献也有不少言"大命""永命""天命"的，也是指帝王所独专的天命，如《尚书·武成》"我文考文王，克成厥勋，诞膺天命"，《尚书·召诰》"王其德之用，祈天永命"，《大雅·荡之什》"曾是莫听，大命以倾"。但一般贵族是不能祀天以祈命的，所以他们所说的"永命"只能是受到周王的提拔、恩惠，而保有职位。

除"永命"外，祝嘏辞中还有"嘉命""霝（令）命""鲁命"的说法：

（10）用御天子之事，洹子孟姜用乞嘉命，用祈眉寿，万年无疆，用御尔事。（洹子孟姜，春秋，《集成》9729）

（11）用旂（祈）眉寿，霝（令）命难老。（叔尸钟，春秋，《集成》277）

（12）巽其熙熙，万年无疆，霝（令）冬（终）霝（令）令（命），其子子孙孙永宝用享于宗室。（巽簋，西周晚期，4153）

（13）以祈眉寿，鲁命难老。（齐大宰归父盘，春秋中期，《集成》10151）

"嘉""霝""鲁"皆有善、美、好之义，能保有禄位、仕途顺利，自然是好命。此类说法大都见于春秋，"盖永命有不可一时或离之意，而霝命嘉命，则无此意"①。

"休命"的说法也有一例：

（14）天降休命于朕邦。（中山王礜鼎，战国，《集成》2840）

---

① 徐中舒：《金文嘏辞释例》，《徐中舒历史论文选辑》，中华书局，1998年，第531页。

"休命"意同"嘉命",只是此"休命"乃"天降"。时至战国,天的地位已经下降,且诸侯也已竞相称王,故云"天降休命"。"天降休命于朕邦"这句话虽非祝嘏辞,"休命"一词却可与"嘉命"等词相对照。

祝嘏辞中其他关于保有政治地位的表达法主要还有以下一些。

1. 保家、保国

(15) 用鬶(令)保我家、朕位、戬身。(猒簋,西周晚期,《集成》4317)

(16) 猒其万年,畯保四或(国)。(猒钟,西周晚期,《集成》260)

(17) 以降大福,保辥(乂)郶国。(宗妇郜㚸盘,西周晚期,《集成》10150)

(18) 元器其旧,哉公眉寿,邾邦是保,其万年无疆。(邾公华钟,春秋晚期,《集成》245)

(19) 台(以)羞(烝)台(以)尝,保有齐邦。世万子孙,永为典尚(常)。(陈侯因𫶇敦,战国,《集成》4649)

2. 臣天子

(20) 其万年永保,臣天子。(师俞簋盖,西周晚期,《集成》4277)

3. 龠事

(21) 用寓光梁其身,勔于永命,其万年无强(疆),龠事皇王,眉寿永宝。(梁其钟,西周晚期,《集成》190)

(22),剌(烈)且(祖)、文考,弋(式)贮受(授)墙尔䰝福,褱(怀)䄍(福)录(禄)、黄耇、弥生,堪事毕(厥)辟,其万年永宝用。(史墙盘,西周中期,《集成》10175)

"龕",《说文》曰:"从龍,今声。"段注:"假借为戡乱字,今人用勘堪字。"堪,能也。

4. 日逷天子覭（景）令

(23) 颂其万年无疆,日逷天子覭令,子子孙孙永宝用。(史颂簋,西周晚期,《集成》4232)

"逷",徐中舒先生曰:"当读如《诗·敬之》'日就月将'之将。毛《传》'将,行也',言奉行也。"

5. 匍有四方

(24) 秦公其畯䭫在位,膺受大命,眉寿无疆,匍有四方,其康宝。(秦公镈,春秋早期,《集成》267)

"匍",典籍也作"溥""敷"。《周颂·赉》:"敷时绎思。"郑笺:"敷,犹遍也。"孔疏:"敷训为布,是广及之意,故云'犹遍也'。"

结 论

通过上面的分析,我们可以得到以下几点结论:

(1) 作器辞是铜器铭文最稳定的组成部分,而祝嘏辞的地位仅次于作器辞。"作器辞+祝嘏辞"是祝嘏铭文最基本的形式,其他形式都是在此基础上增加时间、作器的取材、器物的功用、追孝辞、称扬辞、族徽等部分而成。

(2) 作器者、祈福者、祈匄对象、致福对象一般情况下都是一致的,但有例外,如媵器铭文,其作器者常是所媵嫁之女的父母,但由于媵器是在夫家使用的,因此祈匄对象也是夫家的祖先,祈福者也只能是嫁到男方的女子。

(3) 两周金文祝嘏铭文中的祈匄对象绝大部分都是祖先。在西周,祈匄对象无一例外是祖先,虽然周王有权向天祈求,但目前金文里还没有可靠的相关祝嘏辞。在东周,祈匄对象则有向多元化发展的趋势。随着周王室的衰落,礼乐开始崩坏,"天"也不再高高在上,为周王所独祀,因此出现了诸侯祈天的铭文。同时,司命等神也开始出现在金文嘏辞中,他们很可能也是相应的祈匄对象。

(4) 除旅器外,从器的性质与行器也很类似,唯其流行于殷末和西周早期,铭文短小,多无嘏辞。行器流行于春秋,盖与其时政局不稳、多征伐有关。由于周有军社制度,征行前不仅要告祖,亦必祀社,且要载主而行,则知行器铭文所谓"享孝"必是祖先与社稷之神,然则其祈匄对象亦必兼有祖先与社稷之神。只是铭文记载有限,尚未发现行器铭文中有明确的只祭祖先、只祭社稷或二者并祀者,故难以论定。

(5)虽然学界通常不对祝辞、嘏辞进行区别,但一般而言,含有"祈""匄"等有明显祈求意义的词的句子均可视为祝辞,而"子孙永宝"之类的话只能算作嘏辞。不过,"子孙永宝"与一般的致福之辞还有所分别,它不是对后代子孙的祝福,而是对子孙的叮咛、寄语和希望。

(6)在所有祝嘏辞当中,"子孙永宝"这类嘏辞出现得比较早,且最为铭文所重。作为铜器铭文最重要组成部分之一的这类嘏辞("子孙永宝"),深刻反映了周代宗法制度下个人对宗族的依赖关系。祈福、祈寿是另外两类重要的祝嘏辞,而保家、保身则是主要流行于西周晚期和春秋时期的嘏辞,它们与"子孙永宝"类嘏辞共同构成了两周金文祝嘏辞的主要内容。

7. 祝嘏辞辞例丰富,有些具有普遍性,如"眉寿"即是;有些则具有强烈的时代特点和地缘特征,如"祜福"的说法仅见于春秋行器,"寿老毋死"的说法仅见于春秋时的齐国铜器,等等。

参考文献

一、专著

曹锦炎. 鸟虫书通考 [M]. 上海：上海书画出版社，1999.

蔡运章. 甲骨金文与古史新探 [M]. 北京：中国社会科学出版社，1996.

常玉芝. 商代宗教祭祀 [M]. 北京：中国社会科学出版社，2010.

陈梦家. 殷虚卜辞综述 [M]. 北京：中华书局，1988.

陈梦家. 西周铜器断代 [M]. 北京：中华书局，2004.

陈梦家. 尚书通论 [M]. 北京：中华书局，1985.

陈梦家. 六国纪年 [M]. 上海：上海人民出版社，1957.

陈汉平. 西周册命制度研究 [M]. 北京：学苑出版社，1986.

陈初生. 金文常用字典 [M]. 西安：陕西人民出版社，2004.

陈戍国. 中国礼制史（先秦卷）[M]. 长沙：湖南教育出版社，1991.

陈绍棣. 中国风俗通史（两周卷）[M]. 上海：上海文艺出版社，2003.

陈絜. 商周金文 [M]. 北京：文物出版社，2006.

陈伟. 包山楚简新探 [M]. 武汉：武汉大学出版社，1996.

陈伟. 楚简文字研究 [M]. 武汉：武汉大学出版社，2010.

陈伟. 楚地出土战国简册 [M]. 武汉：武汉大学出版社，2016.

参考文献

陈英杰. 西周金文作器用途铭辞研究［M］. 北京：线装书局，2008.

陈双新. 两周青铜乐器铭辞研究［M］. 石家庄：河北大学出版社，2002.

陈佩芬. 夏商周青铜器研究［M］. 上海：上海古籍出版社，2004.

陈剑. 甲骨金文考释论集［M］. 北京：线装书局，2007.

董莲池. 说文解字考正［M］. 北京：作家出版社，2004.

董作宾. 董作宾先生全集·甲编［M］. 台北：艺文印书馆，1977.

段玉裁. 说文解字注［M］. 上海：上海古籍出版社，1988.

复旦大学出土文献与古文字研究中心. 出土文献与传世典籍的诠释：纪念谭樸森先生逝世两周年国际学术研讨会论文集［M］. 上海：上海古籍出版社，2010.

郭沫若. 甲骨文合集［M］. 北京：中华书局，1979－1982.

郭沫若. 两周金文辞大系图录考释［M］. 上海：上海书店，1999.

郭沫若. 殷契粹编考释［M］. 北京：科学出版社，1965.

郭沫若. 奴隶制时代［M］. 北京：中国人民大学出版社，2005.

郭沫若. 殷周青铜器铭文研究［M］. 北京：科学出版社，1961.

郭宝钧. 浚县辛村［M］. 北京：科学出版社，1964.

郭静云. 夏商周：从神话到史实［M］. 上海：上海古籍出版社，2013.

国家文物局. 中国文物精华大辞典（青铜卷）［M］. 上海：上海辞书出版社，香港：香港商务印书馆，1995.

黄然伟. 殷周史料论集［M］. 北京：生活·读书·新知三

联书店，1995.

胡厚宣. 甲骨文合集释文［M］. 北京：中国社会科学出版社，1999.

何景成. 商周青铜器族氏铭文研究［M］. 济南：齐鲁书社，2009.

何景成. 甲骨文字诂林补编［M］. 北京：中华书局，2017.

华东师范大学中国文字研究与应用中心. 金文引得（殷商西周卷）［M］. 南宁：广西教育出版社，2001.

华东师范大学中国文字研究与应用中心. 金文引得（春秋战国卷）［M］. 南宁：广西教育出版社，2002.

黄德宽. 古文字谱系疏证［M］. 北京：商务印书馆，2007.

黄德宽. 古文字学［M］. 上海：上海古籍出版社，2015.

黄德宽，张光裕. 古文字学论稿［M］. 合肥：安徽大学出版社，2008.

黄德宽. 汉语文字学史［M］. 合肥：安徽教育出版社，2006.

黄天树. 殷墟王卜辞的分类与断代［M］. 台北：文津出版社，1991.

黄怀信. 逸周书校补注译［M］. 西安：西北大学出版社，1996.

黄怀信. 古文献与古史考论［M］. 济南：齐鲁书社，2003.

黄怀信. 尚书注训［M］. 济南：齐鲁书社，2009.

何琳仪. 战国文字通论［M］. 南京：江苏教育出版社，2003.

河南文物考古研究所，三门峡市文物工作队. 三门峡虢国墓［M］. 北京：文物出版社，1999.

湖北省文物考古研究所. 江陵九店东周墓［M］. 北京：科学出版社，1995.

参考文献

李学勤. 新出青铜器研究 [M]. 北京：文物出版社，1990.

李学勤. 夏史与夏代文明 [M]. 上海：上海科学技术文献出版社，2007.

李学勤. 东周与秦代文明 [M]. 上海：上海人民出版社，2007.

李学勤. 中国古代文明研究 [M]. 上海：华东师范大学出版社，2005.

李学勤. 中国古代文明十讲 [M]. 上海：复旦大学出版社，2003.

李学勤，彭裕商. 殷墟甲骨分期研究 [M]. 上海：上海古籍出版社，1996.

李学勤. 走出疑古时代 [M]. 沈阳：辽宁大学出版社，1997.

李学勤. 字源 [M]. 天津：天津古籍出版社，2012.

李孝定. 甲骨文字集释 [M]. 台北："中央研究院"历史语言研究所，1965.

刘叶秋. 中国字典史略 [M]. 北京：中华书局，1983.

刘启益. 西周纪年 [M]. 广州：广东教育出版社，2002.

刘雨，卢岩. 近出殷周金文集 [M]. 北京：中华书局，2002.

刘雨，张亚初. 西周金文官制研究 [M]. 北京：中华书局，1986.

刘源. 商周祭祖礼研究 [M]. 北京：商务印书馆，2004.

刘翔，陈抗，陈初生，等. 商周古文字读本 [M]. 北京：语文出版社，1989.

刘正. 金文庙制研究 [M]. 北京：中国社会科学出版社，2004.

罗振玉. 三代吉金文存 [M]. 北京：中华书局，1993.

罗家湘.《逸周书》研究 [M]. 上海：上海古籍出版社，2006.

马承源. 商周青铜器铭文选 [M]. 北京：文物出版社，1988.

马承源. 中国青铜器 [M]. 上海：上海古籍出版社，1988.

马承源. 中国古代青铜器 [M]. 上海：上海人民出版社，2008.

马银琴. 两周诗史 [M]. 北京：社会科学文献出版社，2006.

马叙伦. 说文解字六书疏证 [M]. 北京：科学出版社，1956.

彭裕商. 西周青铜器年代综合研究 [M]. 成都：巴蜀书社，2003.

彭裕商. 述古集 [M]. 成都：巴蜀书社，2016.

彭裕商. 春秋青铜器年代综合研究 [M]. 北京：中华书局，2011.

裘锡圭. 古文字论集 [M]. 北京：中华书局，1992.

裘锡圭. 文字学概要 [M]. 北京：商务印书馆，1988.

容庚，张维持. 殷周青铜器通论 [M]. 北京：科学出版社，1958.

容庚. 金文编 [M]. 北京：科学出版社，1959.

上海博物馆. 晋侯墓地出土青铜器国际学术研讨会论文集 [M]. 上海：上海书画出版社，2002.

宋镇豪. 夏商社会生活史 [M]. 北京：中国社会科学出版社，1994.

宋镇豪，等. 西周文明论集 [M]. 北京：朝华出版社，2006.

孙稚雏. 青铜器论文索引 [M]. 北京：中华书局，1986.

孙稚雏. 金文著录简目 [M]. 北京：中华书局，1981.

孙亚冰，林欢. 商代地理方国 [M]. 北京：中国社会科学出版社，2010.

参考文献

陕西省考古研究所，等. 陕西出土商周青铜器 [M]. 北京：文物出版社，1984.

唐兰. 西周青铜器铭文分代史征 [M]. 北京：中华书局，1986.

唐兰. 唐兰先生金文论集 [M]. 北京：紫禁城出版社，1995.

王念孙. 广雅疏证 [M]. 南京：江苏古籍出版社，2000.

王国维. 观堂集林 [M]. 石家庄：河北教育出版社，2003.

王赞源. 周金文释例 [M]. 台北：文史哲出版社，1993.

王辉. 商周金文 [M]. 北京：文物出版社，2006.

王辉. 秦铜器铭文编年 [M]. 西安：三秦出版社，1990.

王辉，程学华. 秦文字集证 [M]. 台北：艺文印书馆，1999.

王蕴智. 字学论集 [M]. 郑州：河南美术出版社，2004.

王蕴智. 殷周古文同源分化现象探索 [M]. 长春：吉林人民出版社，1996.

王晖. 商周文化比较研究 [M]. 北京：人民出版社，2001.

王长丰. 殷周金文族徽研究 [M]. 上海：上海古籍出版社，2015.

汪继培，彭铎. 潜夫论笺校正 [M]. 北京：中华书局，1985.

王慎行. 古文字与殷周文明 [M]. 西安：陕西人民教育出版社，1992.

王平. 《说文》重文研究 [M]. 上海：华东师范大学出版社，2008.

王献唐. 黄县鄁器 [M]. 济南：山东人民出版社，1960.

王宇信. 纪念殷墟甲骨文发现一百周年国际学术研讨会论文集 [M]. 北京：社会科学文献出版社，2003.

王宇信. 甲骨学一百年 [M]. 北京：社会科学文献出版社，1999.

王子杨. 甲骨文字形类组差异现象研究 [M]. 上海：中西

书局，2013.

王筠. 说文释例 [M]. 武汉：武汉市古籍书店，1983.

吴镇烽. 陕西金文汇编 [M]. 西安：三秦出版社，1989.

吴镇烽. 金文人名汇编 [M]. 修订本. 北京：中华书局，2006.

吴镇烽. 商周青铜器铭文暨图像集成 [M]. 上海：上海古籍出版社，2012.

夏麦陵. 黄盛璋先生八秩华诞纪念文集 [M]. 北京：中国教育文化出版社，2005.

徐中舒. 殷周金文集录 [M]. 成都：四川人民出版社，1984.

徐中舒. 徐中舒历史论文选辑 [M]. 北京：中华书局，1998.

许雄志. 秦印文字汇编 [M]. 郑州：河南美术出版社，2001.

杨树达. 积微居金文说 [M]. 上海：上海古籍出版社，2007.

杨伯峻. 春秋左传注 [M]. 北京：中华书局，1981.

杨天宇. 周礼译注 [M]. 上海：上海古籍出版社，2005.

叶正渤，李永延. 商周青铜器铭文简论 [M]. 北京：中国矿业大学出版社，1998.

叶正渤. 金文月相纪时法研究 [M]. 北京：学苑出版社，2005.

姚孝遂. 殷墟甲骨刻辞摹释总集 [M]. 北京：中华书局，1988.

姚孝遂. 殷墟甲骨刻辞类纂 [M]. 北京：中华书局，1989.

余国庆. 说文学导论 [M]. 合肥：安徽教育出版社，1995.

于省吾. 甲骨文字诂林 [M]. 北京：中华书局，1996.

于省吾. 商周金文录遗 [M]. 北京：中华书局，1993.

于省吾. 双剑誃吉金文选 [M]. 北京：中华书局，1998.

于省吾. 甲骨文字释林 [M]. 北京：中华书局，1979.

于安澜. 古书文字易解 [M]. 开封：河南大学出版社，1991.

严一萍. 甲骨学 [M]. 台北：艺文印书馆，1978.

张亚初. 殷周金文集成引得 [M]. 北京：中华书局，2001.

张玉金. 西周汉语语法研究 [M]. 北京：商务印书馆，2004.

张政烺. 中国古代职官大辞典 [M]. 郑州：河南人民出版社，1990.

张光直. 考古学专题六讲 [M]. 北京：文物出版社，1986.

张一兵. 明堂制度研究 [M]. 北京：中华书局，2005.

张富祥. 日名制·昭穆制·姓氏制度研究 [M]. 上海：上海古籍出版社，2014.

张光裕，黄德宽. 古文字学论稿 [M]. 合肥：安徽大学出版社，2008.

张永山. 揖芬集——张政烺先生九十华诞纪念文集 [M]. 北京：社会科学文献出版社，2002.

张永山. 胡厚宣先生纪念文集 [M]. 北京：科学出版社，1998.

朱凤瀚，张荣明. 西周诸王年代研究 [M]. 贵阳：贵州人民出版社，1998.

朱凤瀚. 古代中国青铜器 [M]. 天津：南开大学出版社，1995.

詹鄞鑫. 神灵与祭祀 [M]. 南京：江苏古籍出版社，1992.

周法高. 金文诂林补 [M]. 台北："中央研究院"历史语言研究所，1982.

周忠兵. 卡内基博物馆所藏甲骨研究 [M]. 上海：上海人民出版社，2015.

钟柏生，陈昭容. 新收殷周青铜器铭文暨器影汇编 [M]. 台北：艺文印书馆，2007.

中国社会科学院考古研究所. 殷周金文集成 [M]. 北京：

中华书局，1984.

中国社会科学院考古研究所. 殷周金文集成释文［M］. 香港：香港中文大学出版社，2001.

中国社会科学院考古研究所. 小屯南地甲骨［M］. 北京：中华书局，1980.

中国社会科学院历史研究所. 甲骨文合集补编［M］. 北京：语文出版社，1999.

中国社会科学院考古研究所. 上村岭虢国墓地［M］. 北京：科学出版社，1959.

中国社会科学院考古研究所. 长安张家坡西周铜器群［M］. 北京：科学出版社，1965.

中国社会科学院考古研究所. 宝鸡北首岭［M］. 北京：文物出版社，1983.

中国社会科学院考古研究所. 新出金文分域简目［M］. 北京：中华书局，1983.

中国社会科学院考古研究所. 殷墟发掘报告（1958—1961年）［M］. 北京：文物出版社，1985.

中国社会科学院考古研究所. 安阳殷墟郭家庄商代墓葬［M］. 北京：中国大百科全书出版社，1998.

《中国青铜器全集》编委会. 中国青铜器全集［M］. 北京：文物出版社，1996.

祝敏申.《说文解字》与中国古文字学［M］. 上海：复旦大学出版社，1998.

赵平安.《说文》小篆研究［M］. 南宁：广西教育出版社，1999.

二、论文

查昌国. 西周"孝"义试探［J］. 中国史研究，1993（2）.

陈絜. 重论"咸为成汤说"［J］. 历史研究，2002（2）.

参考文献

陈絜. 西周金文"佃人"身份考[J]. 华夏考古, 2012 (1).

陈双新. 子犯钟铭考释[J]. 安徽教育学院学报, 2000 (1).

陈筱芳. 孝德的起源及其与宗法、政治的关系[J]. 西南民族学院学报, 2000 (9).

陈炜湛. 杯中酒不空——说福和富[J]. 语文建设, 1985 (2).

陈英杰. 商代铜器铭文作器对象的考察[J]. 考古与文物, 2006 (6).

蔡运章. 洛阳西窑西周青铜器铭文简论[J]. 文物, 1999 (7).

曹淑琴. 臣辰诸器及其相关问题[J]. 考古学报, 1995 (1).

晁福林. 春秋时期的鬼神观念及其社会影响[J]. 历史研究, 1995 (5).

丁四新. 近九十年《尚书·洪范》作者及著作时代考证与新证[J]. 中原文化研究, 2013 (5).

董芬芬. 春秋辞令的文体研究[D]. 西安:西北师范大学博士学位论文, 2006.

高玉平, 陈丹. "吉""圭"蠡测[J]. 古汉语研究, 2015 (4).

郭沫若. 长安张家坡铜器铭文汇释[J]. 考古学报, 1962 (1).

何飞燕. 周代金文与祖先神崇拜研究[D]. 西安:陕西师范大学硕士学位论文, 2007.

侯乃峰. 秦骃祷病玉版铭文集解[J]. 文博, 2005 (6).

黄国辉. 商周亲属称谓的演变及其比较研究[J]. 中国史研究, 2014 (2).

黄光武. 金文子孙称谓重文的释读及启发[J]. 中山大学学报, 1992 (4).

江鸿(李学勤先生笔名). 盘龙城与商朝的南土[J]. 文物, 1976 (2).

金信周. 两周祝嘏铭文研究 [D]. 台北: 台湾师范大学国文研究所硕士学位论文, 2002.

靳青万. 论殷周的文祭——兼再释"文献" [J]. 文史哲, 2001 (2).

雷汉卿. 释"祝" [J]. 文史杂志, 1999 (1).

梁宁森. 试论班簋所属时代兼及虢城公其人 [J]. 河南师范大学学报, 2006 (6).

李义海. 班簋补释 [J]. 南阳师范学院学报, 2004 (1).

兰合群. 班簋铭文新释 [J]. 郑州大学学报, 2004 (6).

李学勤. 戎生编钟论释 [J]. 文物, 1999 (9).

李学勤. 西周甲骨的几点研究 [J]. 文物, 1981 (9).

李若晖. 《尚书·洪范》时代补证 [J]. 中原文化研究, 2014 (1).

连劭名. 殷虚卜辞中的"祝" [J]. 殷都学刊, 2005 (5).

刘海. 谈"祝"及"祝"与"咒"之间的关系 [J]. 东南文化, 2007 (1).

刘桓. 殷墟卜辞中的"多毓"问题 [J]. 考古, 2010 (10).

林鹄. 宗法、婚姻与周代政治——以青铜礼器为视角 [J]. 中国历史文物, 2003 (2).

苗利娟. 商代金文字主探微 [J]. 考古与文物, 2008 (5).

潘玉坤. 金文"严在上,翼在下"与"敬乃夙夜"试解 [J]. 故宫博物院院刊, 2003 (5).

陕西周原考古队. 扶风县齐家村西周甲骨发掘简报 [J]. 文物, 1981 (9).

时兵. 古汉语双宾句再认识 [J]. 安徽大学学报, 1999 (6).

孙稚雏. 金文释读中一些问题的探讨 [J]. 中山大学学报, 1979 (3).

参考文献

田建文，李俊峰. 山西桥北墓地"先"字铭文［J］. 古代文明研究通讯，2008（36）.

彭裕商. 徐中舒先生在古文字学上的贡献［J］. 中华文化论坛，1998（3）.

吴红松. 西周金文赏赐物品及相关问题研究［D］. 合肥：安徽大学博士学位论文，2006.

王冠英. 再说金文套语"严在上，翼在下"［J］. 中国历史文物，2003（2）.

王慎行. 吕服余盘考释及其相关问题［J］. 文物，1986（4）.

王维堤. 关于伊尹的姓氏名号及其他［J］. 中华文史论丛，1982（2）.

王晖，吴海. 论周代神权崇拜的演变与天人合一观［J］. 陕西师范大学学报，1998（4）.

文术发. 从媵器铭文看两周女权［J］. 中原文物，2000（1）.

吴振武. 新见西周爯簋铭文释读［J］. 史学集刊，2006（2）.

武振玉. 两周金文词类研究［D］. 长春：吉林大学博士学位论文，2006.

杨天宇. 周人祭天以祖配天考［J］. 史学月刊，2005（5）.

叶正渤. 西周标准器铭文疏证（二）［J］. 中国文字研究，2008（2）.

于豪亮. 说"引"字［J］. 考古，1977（5）.

于薇. 周代祝官考辨［J］. 兰州学刊，2007（5）.

周瑗. 矩伯、裘卫两家族的消长与周礼的崩溃——兼论董家青铜器群［J］. 文物，1976（6）.

张昌平. "择其吉金"金文辞例与楚文化因素的形成与传播

[J]. 中原文物，2006（4）.

张二国. 两周时期诸神的权能［J］. 湖南师范学院学报，2002（3）.

张光直. 谈王亥与伊尹的祭日并再论殷商王制［J］. "中央研究院"民族学研究所集刊，1973（35）.

张懋镕. 高家堡出土青铜器研究［J］. 考古与文物，1997（4）.

张树国，段开正.《诗经》祝辞考［J］. 东方论坛，2005（1）.

张标. 大徐本《说文》小篆或体初探［J］. 河北师范大学学报，1990（1）.

张玉金. 甲骨金文中"其"字意义的研究［J］. 殷都学刊，2001（1）.

赵沛霖. 关于《诗经》祭祀诗祭祀对象的两个问题［J］. 学术研究，2002（5）.

赵平安. 论铭文中的一种特殊句型——"某作某器"句式的启示［J］. 古汉语研究，1991（4）.